"十四五"职业教育国家规划教材配套用书
按照铁路职业技能等级认定评价标准编写

TIELU KEYUN ZUZHI XITIJI

铁路客运组织习题集

第2版

张敬文 主 编
金 珊 副主编
王 越 主 审

人民交通出版社
北 京

内 容 提 要

本书为“十四五”职业教育国家规划教材配套用书，按照铁路职业技能等级认定评价标准编写。本书主要内容包括发售车票，旅客运输，行李、包裹运输，特种运输，运输事故的处理，旅客运输计划及组织，客运站工作组织以及旅客列车乘务工作组织等内容的配套习题及答案。

本书可作为职业院校铁道交通运营管理专业教材的配套用书，也可作为铁路客运职工职业技能等级认定、业务学习的辅助学习资料。

本书可与“十四五”职业教育国家规划教材《铁路客运组织》（第 3 版）（ISBN 978-7-114-194733）配套使用，教材配套资源丰富，教师可通过加入“职教铁路教学研讨群”（QQ 群号：211163250）获取。

图书在版编目（CIP）数据

铁路客运组织习题集 / 张敬文主编. — 2 版.
北京 ：人民交通出版社股份有限公司, 2025. 5.
ISBN 978-7-114-20340-4

Ⅰ. U293.1-44

中国国家版本馆 CIP 数据核字第 20254VR207 号

书　　名：铁路客运组织习题集（第 2 版）
著 作 者：张敬文
责任编辑：张一梅
责任校对：赵媛媛　刘　璇
责任印制：张　凯
出版发行：人民交通出版社
地　　址：（100011）北京市朝阳区安定门外外馆斜街 3 号
网　　址：http://www.ccpcl.com.cn
销售电话：（010）85285911
总 经 销：人民交通出版社发行部
经　　销：各地新华书店
印　　刷：北京市密东印刷有限公司
开　　本：787 × 1092　1/16
印　　张：9.75
字　　数：223 千
版　　次：2015 年 6 月　第 1 版
　　　　　2025 年 5 月　第 2 版
印　　次：2025 年 5 月　第 2 版　第 1 次印刷　累计第 8 次印刷
书　　号：ISBN 978-7-114-20340-4
定　　价：36.00 元

第 2 版前言

《铁路客运组织习题集》(第 2 版)是根据职业教育铁道交通运营管理专业(含客运方向、行车方向)、城市轨道交通运营管理专业人才培养方案和高素质技能人才培养目标，以就业为导向，与“十四五”职业教育国家规划教材《铁路客运组织》(第 3 版)(ISBN 978-7-114-19473-3)相配套，旨在加强学生对铁路旅客运输规章的理解，培养学生运用规章解决实际问题的能力编写而成的。

本书以现行铁路旅客运输规章为依据编写，结合铁道运输实际，突出铁路运输行业特点，注重实践能力的培养。

本书具有以下几方面的特点：

(1)充分融入课程思政。本书内容强调学生职业素养的养成和专业技术的积累，将专业精神、职业精神和工匠精神有机融入教学内容，培养学生爱岗敬业、遵章守纪、乐于奉献的职业道德。

(2)本书内容先进。本书依据 2024 年 9 月 1 日起施行的《中国国家铁路集团有限公司铁路旅客运输规程》进行修订。在修订的过程中融入了铁路旅客运输的新技术、新知识，吸纳了近年来铁路旅客运输中运用的服务理念与策略，对相关内容进行了更新、修改和调整。本书与《铁路客运组织》教材配套编写，每个单元均有与《铁路客运组织》教材内容相对应的练习题，帮助学生巩固所学知识。

(3)着重培养学生的实践能力。本书以课程化的实践体系为引导，以实践过程为教学主线，通过实训练习，提高学生的实践技能。

(4)与铁路职业技能等级认定评价标准相融合。本书在编写过程中，参照了铁路客运相关工种职业技能等级认定评价标准，能够满足铁路行业高质量发展对高素质技能人才的需求，提高人才培养质量。

本书由辽宁铁道职业技术学院张敬文担任主编，金珊担任副主编，王越担任主审。编写分工如下：项目 1、项目 2、项目 3、项目 5、项目 7 由张敬文编写，项目 4、项目 6、项目 8 由金珊编写。

本书在编写过程中，得到了很多老师及铁道运输一线工作人员的帮助，在此向他们表示衷心的感谢！

由于编者水平有限，书中难免有不妥之处，恳请广大读者批评指正。

编者

2025 年 1 月

目　录

第一部分　习题……1

项目 1　发售车票……3

单元 1.1　铁路客运运价……3

单元 1.2　客运杂费……16

单元 1.3　车票……17

单元 1.4　车票的发售规定……18

单元 1.5　退票……26

项目 2　旅客运输……29

单元 2.1　客运记录……29

单元 2.2　旅客乘车条件……30

单元 2.3　旅客携带品……34

项目 3　行李、包裹运输……39

单元 3.1　行李、包裹的范围……39

单元 3.2　行李、包裹的托运和承运……44

单元 3.3　行李、包裹的运送……48

单元 3.4　行李、包裹的交付……51

单元 3.5　行李、包裹违章运输的处理……52

单元 3.6　高铁快运作业组织……54

项目 4　特种运输……56

单元 4.1　路内运输……56

单元 4.2　军事旅客运输……58

单元 4.3　国际旅客联运……59

项目 5　运输事故的处理……61

单元 5.1　铁路电报……61

单元 5.2　线路中断的处理……62

单元 5.3　旅客人身伤害事故的处理……63

单元 5.4　行李包裹运输事故的处理……65

项目 6　旅客运输计划及组织……67

单元 6.1　旅客运输计划概述……67

单元 6.2　客流计划……69

单元 6.3　技术计划……72

单元 6.4　票额分配方法 …… 74
单元 6.5　铁路客运信息系统简介 …… 75
项目 7　客运站工作组织 …… 77
单元 7.1　客运站的作业与主要设备 …… 77
单元 7.2　客运站流线组织 …… 78
单元 7.3　售票工作组织 …… 79
单元 7.4　客运站旅客服务工作组织 …… 80
项目 8　旅客列车乘务工作组织 …… 82
单元 8.1　客运乘务工作组织 …… 82
单元 8.2　乘务作业组织 …… 84
单元 8.3　客运乘务安全工作 …… 86
单元 8.4　列车服务工作 …… 87

第二部分　习题参考答案 …… 89

项目 1　发售车票 …… 91
单元 1.1　铁路客运运价 …… 91
单元 1.2　客运杂费 …… 95
单元 1.3　车票 …… 96
单元 1.4　车票的发售规定 …… 97
单元 1.5　退票 …… 103
项目 2　旅客运输 …… 106
单元 2.1　客运记录 …… 106
单元 2.2　旅客乘车条件 …… 107
单元 2.3　旅客携带品 …… 111
项目 3　行李、包裹运输 …… 113
单元 3.1　行李、包裹的范围 …… 113
单元 3.2　行李、包裹的托运和承运 …… 115
单元 3.3　行李、包裹的运送 …… 116
单元 3.4　行李、包裹的交付 …… 117
单元 3.5　行李、包裹违章运输的处理 …… 117
单元 3.6　高铁快运作业组织 …… 119
项目 4　特种运输 …… 120
单元 4.1　路内运输 …… 120
单元 4.2　军事旅客运输 …… 123
单元 4.3　国际旅客联运 …… 123
项目 5　运输事故的处理 …… 125
单元 5.1　铁路电报 …… 125
单元 5.2　线路中断的处理 …… 127

单元 5.3　旅客人身伤害事故的处理……127
单元 5.4　行李包裹运输事故的处理……130
项目 6　旅客运输计划及组织……131
单元 6.1　旅客运输计划概述……131
单元 6.2　客流计划……132
单元 6.3　技术计划……134
单元 6.4　票额分配方法……135
单元 6.5　铁路客运信息系统简介……136
项目 7　客运站工作组织……138
单元 7.1　客运站的作业与主要设备……138
单元 7.2　客运站流线组织……139
单元 7.3　售票工作组织……139
单元 7.4　客运站旅客服务工作组织……141
项目 8　旅客列车乘务工作组织……142
单元 8.1　客运乘务工作组织……142
单元 8.2　乘务作业组织……143
单元 8.3　客运乘务安全工作……145
单元 8.4　列车服务工作……147

PART ONE

第一部分

习　题

项目1 发售车票

单元 1.1 铁路客运运价

一、判断题

1. 旅客运输的主要服务对象是旅客，其次是行李、包裹、邮件。 ( )

2. 基本票价是以每人每千米的票价率为基础，按照规定的旅客票价里程区段，采取递远递减的办法确定的。 ( )

3. 旅客票价的构成要素有：基本票价率与票价比例关系；旅客票价里程区段；递远递减率。 ( )

4. 旅客运输生产向社会提供的是无形产品，其核心产品是旅客的空间位移。( )

5. 截止到目前，我国铁路客运市场占有率始终排在各种交通运输方式之首。( )

6. 旅客票价从 201km 起实行递远递减。 ( )

7. 计算票价时，初始里程不足起码里程，按起码里程计算。 ( )

8. 旅客票价是按里程区段划分，区段间距随里程的增大而逐渐加大，各区段的票价按区段的中间里程计算。 ( )

9. 计算票价所应用的里程，称为运价里程，它是计算客运运价的依据。 ( )

10. 票价里程即票价里程区段中的最后一个区段的中间里程。 ( )

11. 卧铺票的起码里程为 400km。 ( )

12. 快速加快票按普快票价两倍计算。 ( )

13. 开放式硬卧上铺票价率是硬座票价率的 110%。 ( )

14. 接算站是为了将发、到站间跨及两条以上不同的线路衔接起来，进行里程加总计算票价和运价所规定的接算衔接点。 ( )

15. 我国铁路客运运价包括旅客票价和行李包裹运价。 ( )

16. 客运运价与客运杂费构成全部运输费用。 ( )

17. 旅客票价分为两大类：一类是客票票价，包括硬座、软座客票票价；另一类是附加票票价，包括加快票、卧铺票、空调票票价。 ( )

18. 现行硬座客票票价率为 0.05861 元/（人 · km）。 ( )

19. 客票票价包括软座客票票价、硬座客票票价。 ( )

20. 附加票票价包括加快票、空调票、卧铺票票价。 ( )

21. 计算旅客票价对票价的计算规定了起码里程：客票为 20km。 ( )

22. 计算旅客票价对票价的计算规定了起码里程：空调票为 20km。 ( )

23. 计算旅客票价对票价的计算规定了起码里程：卧铺票为400km。（　）

24. 计算旅客票价对票价的计算规定了起码里程：加快票为100km。（　）

25. 国家铁路的旅客票价，以5角为计算单位，不足5角的尾数按2.5角以下舍去、2.5角及以上进为5角处理。（　）

26. 国家铁路的行李、包裹运价及客运杂费的尾数保留至角。（　）

27. 行李运价率按硬座票价率的1%计算。（　）

28. 行李运价率 = 硬座票价率 × 1% = 0.05861 × 1% = 0.0005861［元/（kg · km）］。（　）

29. 计算运价的起码里程：行李为20km。（　）

30. 计算运价的起码里程：包裹为200km。（　）

31. 行李、包裹运价从201km起实行递远递减。（　）

32. 包裹运价率，以三类包裹运价率0.001518元/kg · km为基准。（　）

33. 行李、包裹运价的计价重量以1kg为单位，不足1kg的进为1kg。（　）

34. 行李、包裹运价的计价重量规定起码重量为1kg。（　）

35. 包裹运价里程，按最短径路计算。有指定径路时，按指定径路计算。（　）

36. 行李运价里程，按实际运送径路计算。（　）

37. 超过车票终到站以远的行李应分别按行李、包裹计费径路计算。（　）

38. 旅客托运的行李重量在50kg以内，按行李运价计算。超过50kg时（行李中有残疾人用车时为75kg），对超过部分按行李运价加倍计算。（　）

39. 押运包裹的运价里程按实际运送径路计算。（　）

40. 行李、包裹运费按每张票据计算，起码运费为1元。（　）

41. 类别不同的包裹混装为一件时，按其中运价高的计算。（　）

42. 旅客凭一张客票只能托运一次行李（残疾人托运残疾人用车不限托运次数）。第二次托运行李时，不论第一次重量多少，都按包裹运价计算。（　）

43. 包用公务车、豪华列车时，按车票票价的15%核收服务费。（　）

44. 包车中承运人违约，应双倍返还定金。（　）

45. 单独租用发电车时，租车费每日每辆为5000元。（　）

46. 签订包车合同时，包车人应预付相当于运输费用30%的定金。（　）

47. 旅客在乘车区间内凭有效客票每张可托运一次行李，残疾人车不限次数。（　）

48. 包裹是指适合在旅客列车行李车内运输的小件急运货物。（　）

49. 行李运输属于旅客运输部分，所以行李的递远递减率与旅客票价递远递减率相同。（　）

50. 按包裹运输的小家畜每头按50kg计算运价。（　）

51. 计算包车票价时，座车按座车种别、定员核收全价客票票价。（　）

52. 包车使用空调设备时，应按核收客票票价的人数核收空调费。娱乐车、餐车的空调费按使用费的25%计算。（　）

53. 包车停留费按每日每辆核收，并根据产生的自然日计算，停留当日不足12h，则减半核收。（　）

54. 公务车、豪华列车的包车停留费为每日每辆 3000 元。（ ）

55. 软座车、软卧车的包车停留费为每日每辆 1800 元。（ ）

56. 租车人向承运人租用客运车辆时，租用人应与承运人签订租车合同。（ ）

57. 软硬卧车、硬卧车的包车停留费为每日每辆 1800 元。（ ）

58. 包用专用列车、豪华列车时，当编成辆数不足 12 辆时，应按实际运行日数，每欠编一辆每日核收欠编费 850 元。当日不足 12h 时，则减半核收。（ ）

59. 硬座车的包车停留费为每日每辆 1500 元。（ ）

60. 包车人在未交付运费前取消用车计划时，定金不退。（ ）

61. 包车人在始发站延期使用时，开车前 6h 之前提出，按规定核收包车停留费。（ ）

62. 包车人在始发站延期使用时，开车前不足 6h 提出，核收票价、使用费、运费 50% 的延期使用费，并重新办理包车手续。（ ）

63. 租用车利用承运人动力在国家铁路旅客列车或货物列车中运行时核收挂运费，空车不分车种，按每轴每千米 0.534 元核收。（ ）

64. 加开专用列车、豪华列车时，隔离车或宿营车不另计费。如用隔离车装运行李、包裹时，应核收包车运费。（ ）

65. 包车时用棚车代用行李车，按行李或包裹的实际重量核收行李或包裹运费，起码计费重量按标记载重量的 1/3 计算。（ ）

66. 填发包车代用票时，应在记事栏注明包车的车种、车号和定员数。（ ）

67. 租用的空客车，利用承运人动力在国家铁路的旅客列车中挂运时，随车押运人员应购买所挂列车等级的硬座票。（ ）

68. 租用的空客车，利用承运人动力在国家铁路的货物列车中挂运时，随车押运人员按货运押运人收费标准核收押运费。（ ）

69. 包用的客车、公务车加挂在普通快车、快速列车上，应根据核收客票票价人数核收相应的加快票价。（ ）

70. 加开的专用列车、豪华列车按普通快车、快速列车速度运行时，应根据核收客票票价人数核收相应的加快票价。（ ）

71. 租用车利用承运人动力在国家铁路的旅客列车或货物列车中挂运时，重客车按标记定员票价的 70%核收挂运费。（ ）

72. 娱乐车、餐车的包车停留费为每日每辆 5000 元，餐车合造车每日每辆 2500 元，同时发生使用费时，只收一项整日使用费。（ ）

73. 租用车利用承运人动力在国家铁路的旅客列车或货物列车中挂运时，重餐车按租车费的 60%核收挂运费。（ ）

74. 租用车利用承运人动力在国家铁路的旅客列车或货物列车中挂运时，重娱乐车按租车费的 80%核收挂运费。（ ）

75. 行李车的包车停留费为每日每辆 1400 元。（ ）

76. 租用车利用承运人动力在国家铁路的旅客列车或货物列车中挂运时，重发电车按租车费的 90%核收挂运费。（ ）

77. 包车时，棚车不收空驶费。 （ ）

78. 租用车利用承运人动力在国家铁路的旅客列车或货物列车中挂运时，重行李车按标记载重量及所装行李或包裹品类运费的80%核收。 （ ）

79. 包车时，对车辆空驶区段，不分车种，按每车每千米核收空驶费 3.458 元。 （ ）

80. 成人与儿童、学生、伤残军人混乘一辆包车时，按票价低的核收座车客票票价。 （ ）

81. 企业自备动力牵引租用客车或企业自备车，利用国家铁路线路运行时，无论空车或重车，均按每轴（含机车轴数）每千米 0.468 元核收行驶费。 （ ）

82. 包车人在始发站停止使用包车，开车后要求停止使用时，除退还已收空驶费与已产生的空驶区段往返空驶费差额外，仅退还尚未产生的包车停留费。 （ ）

二、选择题

1.（ ）不是附加票。

A. 空调票　B. 加快票　C. 硬座票　D. 卧铺票

2. 在《铁路旅客客运运价里程表》中，旅客乘降所符号是（ ）。

A. #　B. ※　C. ◎　D. △

3. 在《铁路客运运价里程表》里的接算站示意图中，接算站用（ ）圆圈表示。

A. 黑色　B. 红色　C. 绿色　D. 黄色

4. 包车人与承运人签订完包车合同后，承运人违约时，应（ ）。

A. 返还定金　B. 三倍返还定金　C. 双倍返还定金　D. 1.5 倍返还定金

5. 计算旅客客票票价的起码里程为（ ）km。

A. 10　B. 20　C. 50　D. 100

6. 计算旅客空调票价的起码里程为（ ）km。

A. 20　B. 50　C. 100　D. 200

7. 计算旅客加快票价的起码里程为（ ）km。

A. 20　B. 100　C. 200　D. 400

8. 计算旅客卧铺票价的起码里程为（ ）km。

A. 100　B. 200　C. 400　D. 500

9. 计算旅客行李票价的起码里程为（ ）km。

A. 10　B. 20　C. 100　D. 200

10. 计算旅客包裹票价的起码里程为（ ）km。

A. 50　B. 100　C. 200　D. 400

11. 旅客可凭客票办理（ ）次行李托运。

A. 一　B. 二　C. 三　D. 四

12.（ ）站不在京哈线上。

A. 秦皇岛、绥中北　B. 四平、昌图

C. 铁岭、台安　D. 新立屯、大安北

13. 在《铁路客运运价里程表》中，湘桂线的起止站是（　　）。
A. 株洲—凭祥　B. 株洲—南宁　C. 衡阳—桂林　D. 衡阳—凭祥
14. 在《铁路客运运价里程表》中，京九线的起止站是（　　）。
A. 北京—深圳　B. 北京西—深圳
C. 北京—九龙　D. 北京西—九龙
15. 根据铁路货物运输合同，押运货物的人视为（　　）。
A. 托运人　B. 收货人　C. 货主　D. 旅客
16. 凭有效领取凭证领收行包的人是（　　）。
A. 承运人　B. 托运人　C. 收货人　D. 发货人
17. 与旅客或托运人签有运输合同的铁路运输企业称为（　　）。
A. 承运人　B. 托运人　C. 收货人　D. 发货人
18. 包用行李车，按（　　）核收行李或包裹运费。
A. 车辆标记载重量
B. 行李、包裹实际重量
C. 车辆标记载重量及所装行李或包裹品类运费的 80%
D. 行李、包裹实际重量的 80%
19. 包用棚车代用行李车时，按（　　）核收行李或包裹运费。
A. 行李、包裹实际重量的 80%　B. 车辆标记载重量
C. 车辆标记载重量的 80%　D. 行李、包裹实际重量
20. 包用棚车代用行李车时，起码计费重量按标记载重量的 1/3 计算。不足 1t 的，尾数（　　）。
A. 按四舍五入计算　B. 舍去不计
C. 进整为 1t　D. 视具体情况而定
21. 包车的行李、包裹混装时，按（　　）核收运费。
A. 行李运价核收　B. 三类包裹运价的 80%
C. 二类包裹运价　D. 其中运价高的
22. 厂矿、企业等单位租用客车在单位使用时，按（　　）标准，按日核收租车费。
A. 包车停留费　B. 包车使用费　C. 包车行驶费　D. 包车挂运费
23. 在办理直通过轨运输时，各段由于分段计算，有不足起码里程区段时，按（　　）。
A. 起码里程计算
B. 起码里程计算，但卧铺票价按规定的比例计算
C. 规定里程计算
D. 起码里程计算，但行李、包裹除外
24. 在《铁路客运运价里程表》中，站名用黑体字印刷，并下部有黑色横线，该站表示（　　）。
A. 中转站　B. 接算站　C. 直通站　D. 营业站
25. 在全国铁路客运接算站示意图中，红颜色的圆圈表示为（　　）。
A. 尽头站　B. 非接算站　C. 接算站　D. 特等站

26.（　　）站均在京沪线上。

A. 德州、蚌埠、阜阳　　B. 兖州、符离集、磁窑

C. 南京、泰山、夹河寨　　D. 苏州、林场、六合

27. 在《铁路客运运价里程表》中，不办理行李、包裹业务的车站用（　　）表示。

A. ※　　B. ⊗　　C. ◎　　D. 站名下1mm宽横线

28. 铁路车票的客票票价包括（　　）。

A. 软座、硬座客票票价　　B. 加快、卧铺、空调票票价

C. 软座、卧铺票票价　　D. 硬座、空调票票价

29. 过轨运输是指（　　）。

A. 国家铁路与境外铁路间的相互运输

B. 国家铁路与地方铁路相互间的运输

C. 国家铁路与合资铁路间的相互运输

D. 国家铁路与地方铁路、合资铁路及特殊运价区段间的相互运输

30. 附加票是（　　）的补充部分，除免费儿童外，不能单独使用。

A. 卧铺票　　B. 空调票　　C. 加快票　　D. 客票

31. 企业自备机车、车辆，利用国家铁路线路运行时，不论是空车还是重车，均按每轴（含机车轴数）每千米（　　）元核收行驶费。

A. 0.534　　B. 0.543　　C. 0.468　　D. 0.486

32. 一名旅客凭一张车票托运两件行李（重量为37kg），以及1辆残疾人车，保价600元，每千克运价0.724元，应核收运费（　　）元。

A. 39.1　　B. 44.9　　C. 42.1　　D. 40.6

33. 承运人一般不接受（　　）单独旅行。

A. 残疾人　　B. 小学生　　C. 儿童　　D. 孕妇

34. 旅客托运的行李在（　　）kg以内，按行李运价计算。

A. 25　　B. 50　　C. 75　　D. 100

35. 旅客托运的行李中有残疾人用车，在（　　）kg 以内按行李运价计算。对超过部分按行李运价加倍计算。

A. 50　　B. 75　　C. 100　　D. 125

36. 两轮轻型摩托车（汽缸容量在50cm^{3}以下时）的规定计价重量为每辆（　　）kg。

A. 50　　B. 60　　C. 70　　D. 80

37. 警犬、猎犬每头规定的计价重量为（　　）kg，超过时按实际重量计算。

A. 30　　B. 15　　C. 20　　D. 25

38. 助力自行车规定每辆计价重量为（　　）kg。

A. 30　　B. 35　　C. 40　　D. 45

39. 残疾人用车按行李托运时，每辆计价重量为（　　）。

A. 25kg　　B. 40kg　　C. 实际重量　　D. 30kg

40. 残疾人用车按包裹托运时，每辆计价重量为（　　）。

A. 25kg　　B. 50kg　　C. 实际重量　　D. 40kg

41. 包用棚车代用行李车产生空驶时，空驶费（　　）。

A. 按50%核收　B. 按80%核收　C. 不予核收　D. 按30%核收

42. 包用行李车的单位，在始发站开车前6h至不足48h停止使用的，应退还全部费用，核收运费（　　）的停止使用费。

A. 10%　B. 20%　C. 30%　D. 40%

43. 包用餐车时，包车停留费为每日每辆（　　）元。

A. 1002　B. 1200　C. 1020　D. 5000

44. 企业单位单独租用发电车时，租车费按每日每辆（　　）元核收。

A. 1200　B. 1002　C. 5000　D. 1210

45.《铁路客运运价里程表》规定，如发站和到站在同一条线路时，计算里程的方法为：（　　）。

A. 用本线起点站或终到站至发站和到站的运价里程相加

B. 用本线起点站或终到站至发站和到站的运价里程相减

C. 用本线起点站或终点站的里程通算

D. 用发站和到站的运价里程相加

46. 客运车辆包括普通车、合造车、（　　）。

A. 行李车　B. 邮政车　C. 代用客车和特种客车　D. 餐车

47. 特定运价是对一些（　　）而制定的客运运价。

A. 特殊编组列车　B. 特殊区段

C. 特殊运输方式和特殊运价区段　D. 特殊物品

48. 旅客票价里程，按旅客乘车的（　　）计算。

A. 最短径路　B. 最长径路　C. 实际径路　D. 指定径路

49. 带运、押运包裹的运价里程按（　　）计算。

A. 最短径路　B. 最长径路　C. 指定径路　D. 实际径路

50. 行李、包裹运价的起码重量为（　　）kg。

A. 3　B. 5　C. 8　D. 10

51. 棚车代用客车时，按车辆标记载重量计算定员，每吨按（　　）人折算，核收棚车客票票价。

A. 1　B. 1.2　C. 1.5　D. 2

52. 娱乐车、餐车使用费为每日每辆（　　）元（不足1日，按1日核收）。

A. 5000　B. 501　C. 2100　D. 653

53. 餐车合造车使用费为每日每辆（　　）元（不足1日，按1日核收）。

A. 1002　B. 2500　C. 2100　D. 653

54. 娱乐车、餐车的空调费按使用费的（　　）计算。

A. 15%　B. 20%　C. 25%　D. 30%

55. 在《铁路客运运价里程表》中，京沪线的起止站为（　　）。

A. 北京南—上海　B. 北京西—上海

C. 北京—上海　D. 北京北—上海

56. 在《铁路客运运价里程表》中，（　　）站是京九线的车站。

A. 龙川　　B. 怀化　　C. 宝鸡　　D. 天水

57. 1501～2500km 的行李递远递减率是（　　）。

A. 20%　　B. 40%　　C. 10%　　D. 50%

58. 现行四类包裹运价与二类包裹运价的比率是（　　）。

A. 1.2∶0.6　　B. 1.5∶0.8　　C. 1.4∶0.9　　D. 1.3∶0.7

59. 发站和到站在互相衔接的两条线时，计算里程的方法为：（　　）。

A. 分别计算出自发站和到站间的运价里程

B. 计算出发站至接算站的运价里程相加

C. 分别计算出自发站和到站至该两条线的接算站间的运价里程相减

D. 分别计算出自发站和到站至该两条线的接算站间的运价里程相加

60. 现行一类包裹运价与三类包裹运价的比率为（　　）。

A. 0.5∶1　　B. 0.3∶1　　C. 0.2∶1　　D. 0.4∶1

61. 包裹的运价从（　　）km 起实行递远递减。

A. 300　　B. 301　　C. 200　　D. 201

62. 铁路（　　）构成全部运输费用。

A. 旅客票价与行李运价　　B. 旅客票价与包裹运价

C. 行李运价与包裹运价　　D. 客运运价与客运杂费

63. 包用行李车，停留费为每日每辆（　　）元。

A. 268　　B. 2780　　C. 1400　　D. 1340

64. 硬座行李合造车的包车停留费为每日每辆（　　）元。

A. 258　　B. 3000　　C. 1400　　D. 1300

65. 包用行李车的包车单位，在始发站开车（　　）h 以前提出延期使用，按规定核收包车停留费。

A. 10　　B. 12　　C. 8　　D. 6

66. 包用行李车的包车单位，在始发站开车前不足 6h 提出延期使用，应核收运费（　　）延期使用费，并重新办理包车手续。

A. 20%　　B. 30%　　C. 40%　　D. 50%

67. 硬座客票票价率是（　　）元/（人 · km）。

A. 0.05861　　B. 0.11722　　C. 0.01465　　D. 0.06447

68. 软座客票票价率与硬座客票票价率的比例关系是（　　）。

A. 1∶2　　B. 2∶1　　C. 3∶1　　D. 1∶3

69. 开放式硬卧上铺票价率与硬座客票票价率的比例关系是（　　）。

A. 1.2∶1　　B. 1.3∶1　　C. 1.1∶1　　D. 1∶1

70. 开放式硬卧中铺票价率与硬座客票票价率的比例关系是（　　）。

A. 1.2∶1　　B. 1.3∶1　　C. 1.1∶1　　D. 1∶1

71. 开放式硬卧下铺票价率与硬座客票票价率的比例关系是（　　）。

A. 1.2∶1　　B. 1.3∶1　　C. 1.1∶1　　D. 1∶1

72. 软卧上铺票价率与硬座客票票价率的比例关系是（　　）。
A. 1.70：1　　B. 1.75：1　　C. 1.80：1　　D. 1.95：1

73. 软卧下铺票价率与硬座客票票价率的比例关系是（　　）。
A. 1.70：1　　B. 1.75：1　　C. 1.80：1　　D. 1.95：1

74. 空调票票价率与硬座客票票价率的比例关系是（　　）。
A. 1：2　　B. 1：3　　C. 1：4　　D. 1：5

75. 旅客票价从（　　）km 起实行递远递减。
A. 101　　B. 201　　C. 301　　D. 401

76. 201～500km 的旅客票价递远递减率是（　　）。
A. 20%　　B. 40%　　C. 10%　　D. 50%

77. 501～1000km 的旅客票价递远递减率是（　　）。
A. 20%　　B. 40%　　C. 10%　　D. 50%

78. 1001～1500km 的旅客票价递远递减率是（　　）。
A. 20%　　B. 40%　　C. 10%　　D. 30%

79. 1501～2500km 的旅客票价递远递减率是（　　）。
A. 20%　　B. 40%　　C. 10%　　D. 50%

80. 2501km 以上的旅客票价递远递减率是（　　）。
A. 20%　　B. 40%　　C. 10%　　D. 50%

81. 旅客托运的行李超过 50kg 时，对超过部分按（　　）计算。
A. 行李运价　　B. 行李运价加倍　　C. 行李运价减半　　D. 包裹运价

82.（　　）不属于加快票。
A. 普通加快票　　B. 快速加快票　　C. 特别加快票　　D. 直通加快票

83. 1001～1500km 的行李递远递减率是（　　）。
A. 20%　　B. 40%　　C. 10%　　D. 30%

84. 201～500km 的行李递远递减率是（　　）。
A. 20%　　B. 40%　　C. 10%　　D. 50%

85. 501～1000km 的行李递远递减率是（　　）。
A. 20%　　B. 40%　　C. 10%　　D. 50%

86. 2501km 以上的行李递远递减率是（　　）。
A. 20%　　B. 40%　　C. 10%　　D. 50%

87. 现行一类包裹与二类包裹运价的比率为（　　）。
A. 1：7　　B. 2：7　　C. 3：7　　D. 4：7

88. 现行一类包裹运价与四类包裹运价的比率为（　　）。
A. 1：13　　B. 2：13　　C. 3：13　　D. 4：13

89. 现行二类包裹运价与三类包裹运价的比率为（　　）。
A. 0.5：1　　B. 0.6：1　　C. 0.7：1　　D. 0.8：1

90. 现行四类包裹运价与三类包裹运价的比率为（　　）。
A. 1.1：1　　B. 1.2：1　　C. 1.3：1　　D. 1.4：1

91. 开车前 6h 至开车前 48h，包车变更费用的计算方式为：（　　）。

A. 退还全部费用，核收票价、使用费、运费 10%的停止使用费

B. 退还全部费用，核收票价、运费 10%的停止使用费

C. 退还全部费用，核收票价、使用费、运费 20%的停止使用费

D. 退还全部费用，核收票价 10%的停止使用费

92. 开车前不足 6h，包车变更费用的计算方式为：（　　）。

A. 退还全部费用，核收票价、使用费、运费 20%的停止使用费

B. 退还全部费用，核收票价、运费 10%的停止使用费

C. 退还全部费用，核收票价、使用费、运费 50%的停止使用费

D. 退还全部费用，核收票价 10%的停止使用费

93. 开车后要求停止使用时，包车变更费用的计算方式为：（　　）。

A. 退还全部费用，核收票价、使用费、运费 10%的停止使用费

B. 退还全部费用，核收票价、运费 10%的停止使用费

C. 退还全部费用，核收票价、使用费、运费 20%的停止使用费

D. 只退还尚未产生的包车停留费

94. 以下不属于减价票的是（　　）。

A. 儿童票　　B. 铁路乘车证　　C. 伤残军人票　　D. 学生票

95. 旅客运输统计结算时间为（　　）点。

A. 12　　B. 18　　C. 20　　D. 24

96. 行李运价里程，按行李实际运送的径路计算。旅客要求由近径路运送时，如有（　　），可按近径路计算。

A. 直达列车　　B. 始发列车

C. 中转接续列车　　D. 始发终到列车

97. 全国铁路接算站示意图中，（　　）是接算站。

A. 萧山站　　B. 芜湖南站　　C. 白河站　　D. 古莲站

98. 全国铁路接算站示意图中，（　　）不是接算站。

A. 北京北站　　B. 昆明北站　　C. 包头北站　　D. 包头东站

99. 包车单位包用专用列车，在包用专用列车的编组中编挂了行李隔离车，该隔离车辆（　　）计费。

A. 按停留费　　B. 按空驶　　C. 不另行　　D. 按租车

100. 包用专用列车的编组中编挂了行李隔离车，包车单位用隔离车装运行李、包裹时，按（　　）办理。

A. 实际重量　　B. 包车　　C. 三类 8t　　D. 三类 10t

101. 包车停留费按日计算，自 0 点起至 24 点为一日，不足（　　）h 按半日计算。

A. 6　　B. 12　　C. 10　　D. 14

102. “以上”“以下”“以内”“以外”“以前”“以后”在《铁路客运运价规则》中的含义（　　）。

A. 均包括本数

B. 均不包括本数

C. “以上”“以下”包括本数，“以内”“以外”“以前”“以后”不包括本数

D. “以上”“以下”不包括本数，“以内”“以外”“以前”“以后”包括本数

103. “超过”“大于”“不满”“小于”“不足”“不够”在《铁路客运运价规则》中的含义（　　）。

A. 均包括本数

B. 均不包括本数

C. “超过”“大于”包括本数，“不满”“小于”“不足”“不够”不包括本数

D. “超过”“大于”不包括本数，“不满”“小于”“不足”“不够”包括本数

104. 包用客车、公务车、专用列车，应预先支付相当于运费（　　）的定金。

A. 10%　　B. 20%　　C. 30%　　D. 40%

105. 包用行李车时，按（　　）核收行李、包裹运费。

A. 行李、包裹的实际重量　　B. 车辆标记载重量

C. 标记载重量的 2/3　　D. 标记载重量的 1/3

106. 包用棚车代用行李车时，起码计费重量按标记载重量的 1/3 计算。不足 1t 的，尾数（　　）。

A. 四舍五入　　B. 进整为 1t　　C. 舍去不计　　D. 视具体情况而定

107. 包用标记载重量 60t 的棚车一辆，装运行李 18t，则计费重量为（　　）t。

A. 60　　B. 40　　C. 20　　D. 18

108. 厂矿、企业等单位租用行李车在本单位使用时，按每日每辆(　　)元核收租车费。

A. 349　　B. 139　　C. 653　　D. 1400

109. 企业自备车在国家铁路的旅客列车挂运时，空车（不分车种），按每轴每千米（　　）元核收挂运费。

A. 0.543　　B. 0.534　　C. 0.468　　D. 0.486

110. 在办理直通过轨运输时，各段由于分段计算，有不足起码里程区段时，(　　)计算客运运价。

A. 按起码里程（但行李、包裹例外）

B. 按起码里程

C. 按起码里程（但卧铺票按规定比例）

D. 第一段按起码里程

111. 包房式硬卧票价分别按硬卧中、下铺另加（　　）计算。

A. 20%　　B. 30%　　C. 40%　　D. 50%

三、名词解释

1. 接算站

2. 特定运价

3. 包车

4. 包车停留费

5. 空驶费

6. 过轨运输

四、问答题

1. 旅客票价的构成要素是什么？

2. 详细说明接算站的种类。

3. 如何计算普通动车组软卧票价？

4. 如何计算普通动车组高级软卧票价？

5. 如何计算动车组软卧儿童票价？

6. 如何计算动车组特等座、商务座公布票价？

7. 行包运价构成要素是什么？

五、综合题

1. 2024 年 11 月 25 日，一名成年旅客欲购买沈阳北站到绥中北站的 Z158 次硬座车票（新型空调车），请问如何发售？（经京哈线）

2. 2024 年 11 月 25 日，一名成人旅客欲购买牡丹江至沈阳的 K940 次（新型空调车）硬卧下铺联合票，请问如何发售？（经哈尔滨站）

3. 2024 年 11 月 25 日，一名成人旅客欲购买满洲里至沈阳的 K2624 次（新型空调车）软卧下铺联合票，请问如何发售？（经哈尔滨站）

4. 2024 年 11 月 25 日，一名成人旅客欲购买山海关至锦州的 T227 次（新型空调车）硬卧下铺联合票，请问如何发售？（经沈山线）

单元 1.2　客 运 杂 费

一、判断题

1. 列车上补卧铺手续费为 5 元/人次。（　　）
2. 站台票为 1 元/张。（　　）
3. 携带品暂存费为每日每件 3 元。（　　）
4. 行李包裹超过免费保管期限每日每件核收 3 元。（　　）
5. 安全标志费为 0.20 元/个。（　　）

二、选择题

1.（　　）不是客运杂费。

A. 搬运费　　B. 手续费　　C. 货签费　　D. 保价费

2. 列车上补卧铺时，手续费按每人每次（　　）元收取。

A. 5　　B. 20　　C. 10　　D. 0

三、名词解释

客运杂费

四、问答题

1. 客运杂费的种类有哪些？

2. 客运杂费的收费标准是什么？

单元 1.3　车　　票

一、判断题

1. 铁路旅客运输合同的基本凭证是车票。（　　）
2. 铁路乘车证也是车票。（　　）
3. 特种乘车证不是车票。（　　）
4.《中国国家铁路集团有限公司铁路旅客运输规程》规定，车票是以电子数据形式体现的铁路旅客运输合同的凭证，并实施车票实名制管理。（　　）
5. 持有铁路有效乘车凭证的人是旅客。（　　）
6. 车票实名购买和实名查验统称为车票实名制管理。（　　）
7. 车票票价为旅客购票时的适用票价。（　　）
8. 铁路运输企业调整票价时，已售出的车票不再补收或退还票价差额。（　　）
9. 除有效期有其他规定的车票外，车票当日当次有效。（　　）
10. 旅客自行中途上车、下车的，其未乘车区间的票款不予退还。（　　）
11. 旅客运送期间自检票进站起至到站出站时止计算。（　　）

二、选择题

1. 车票应通过（　　）或铁路车票销售代理人的售票处购买。

A. 铁路运输企业提供的车站售票窗口

B. 自动售票机

C. 中国铁路 12306 网站（含铁路 12306 移动端）

D. 订票电话

2. 可以使用（　　）购买车票。

A. 中华人民共和国居民身份证　　B. 居民户口簿

C. 中华人民共和国护照　　D. 新生儿出生医学证明

三、名词解释

旅客运输合同

四、问答题

1. 车票（特殊票种除外）主要信息应包含哪些内容？

2. 特种乘车证包括哪些？

单元 1.4　车票的发售规定

一、判断题

1. 学生票当年没使用的次数可以留作次年使用。（　　）
2. 年满 6 周岁未满 14 周岁的儿童，应买儿童优惠票。（　　）
3. 一名 7 周岁的儿童单独使用卧铺时，应买儿童票及全价卧铺票。（　　）
4. 随成人同行的一名 4 周岁的儿童单独使用卧铺时，只买全价卧铺票。（　　）
5. 站台票也是车票。（　　）
6. 学生票可以在全年任意时间段购买。（　　）
7. 车票最远发售至本次列车终到站。（　　）
8. 学生优惠票可以购买动车一等座。（　　）
9. 学生优惠票可以购买硬卧。（　　）
10. 年龄满 14 周岁的儿童应买全价票。（　　）
11. 免费乘车的儿童单独使用席位时，应购买儿童优惠票。（　　）
12. 持学生证要求使用硬卧时，应购买半价的客票、加快票、空调票及全价的硬卧票。（　　）
13. 学生优惠票按近径路发售。（　　）
14. 未满 14 周岁的儿童应当购买儿童票（需通勤上学的学生和承运人同意在旅途中监

护的除外）。（　　）

15. 免费乘车的儿童单独使用卧铺时，应购买全价卧铺票。（　　）

16. 享受学生票的学生一学年可购买 4 次单程学校所在地至家庭居住地的学生半价票。（　　）

17. 车站发生重大事故，站内秩序混乱，危及行车及人身安全时，站长可决定暂停发售站台票。（　　）

18. 因执行重要任务，由政府部门组织进站迎送人员，可不买站台票。（　　）

19. 因公致残的人民警察凭“中华人民共和国伤残人民警察证”享受半价的软座、硬座客票和附加票。（　　）

20. 持“中华人民共和国残疾军人证”的人员凭证可以购买优待票。（　　）

21. 持“中华人民共和国伤残人民警察证”的人员凭证可以购买优待票。（　　）

22. 持国家综合性消防救援队伍残疾人员证的人员凭证可以购买优待票。（　　）

23. 现役伤残军人的“中华人民共和国残疾军人证”由国家有关部门颁发，铁路运输企业有权进行核对。（　　）

24. 对经常进站接送旅客的单位，车站可根据需要向其发售定期站台票。（　　）

25. 华侨学生和港澳台学生可购买学校所在地车站至口岸城市车站间的学生优惠票。（　　）

26. 要求承运人提供与车票等级相适应的服务并保证其旅行安全，是旅客的基本权利之一。（　　）

27. 儿童优惠票的乘车日期、车次及席别应与同行成年人所持车票相同，到站不得远于成年人车票的到站。（　　）

28. 儿童优惠票的乘车日期、车次及席别可以与同行成年人所持车票不同。（　　）

29. 儿童票的到站可以远于随行的成人车票的到站。（　　）

30. 在无人售票的乘降所上车的人员，可在列车内购票。（　　）

31. 到站台上迎送旅客的人员应买站台票，站台票当日使用一次有效。未经车站同意无站台票进站时，加倍补收站台票款。（　　）

32. 团体旅客填发代用票时，除代用票持票本人外，每人另发一张团体旅客证。（　　）

33. 铁路车站有关营业处所应有相应的票价表、运价表、杂费表、时刻表和旅客须知等。遇有变动，须于实施前通告，未经通告，不得实施。（　　）

34. 春运期间，对于团体票，不予优惠。（　　）

35. 发售代用票按规定填写，代用客票时事由栏填“客”。（　　）

36. 代用票是根据需要临时填发的票据。（　　）

37. 发售代用票按规定填写，代用客快速卧联合票时，事由栏填“客快速卧”。（　　）

38. 发售学生票时应以近径路发售。（　　）

39. 电视大学学生也可以购买学生票。（　　）

40. 发售代用票按规定填写，代用客快卧联合票时，事由栏填“客快卧”。（　　）

41. 用计算机售票的车站，办理团体旅客票并实行一定优惠政策时，优惠票的票面打印“团优”字样。（　　）

42. 儿童票座别应与成人车票座别相同。（　　）

43. 一名成人携带 3 名不满 6 周岁的儿童、两名 8 周岁的儿童，那么他总计应该购买一张成人票、5 张儿童票。（　　）

44. 车票可以在 12306 网站购买。（　　）

45. 填发团体旅客代用票时，应在记事栏注明团体旅客证的起止号码。（　　）

46. 电话订票拨打 95105105。（　　）

47. 持学生证要求使用软席，应全部购买全价票，不再享受减价优惠。（　　）

48. 毕业生凭学校书面证明可买一次学生优惠票。（　　）

49. 购买学生票应按凭证记载的区间购票。如超过减价优待证上记载的区间乘车时，对超过区间按一般旅客办理，核收全价，分段计费。（　　）

50. “中华人民共和国伤残人民警察证”由各省、自治区、直辖市民政部门签发。（　　）

51. 退役伤残军人的“中华人民共和国伤残人民警察证”由各省、自治区、直辖市民政部门签发。（　　）

52. 某旅行社要购买 43 人的团体旅客票，售票时可以免收 4 人。（　　）

53. 发售代用票时，对于代用卧铺票，事由栏填“卧铺”。（　　）

54. 发售代用票时，对于代用卧铺票，事由栏填“卧”。（　　）

55. 发售代用票时，对于代用客特快卧联合票，事由栏填“客特快卧”。（　　）

56. 发售代用票时，对于代用空调票，事由栏填“空调”。（　　）

57. 发售代用票时，对于代用团体票，事由栏填“团体”。（　　）

58. 发售代用票时，对于代用普通加快票，事由栏填“普快”。（　　）

59. 发售代用票时，对于代用快速加快票，事由栏填“快速”。（　　）

60. 发售代用票时，对于代用特别加快票，事由栏填“特快”。（　　）

61. 发售代用票时，对于代用客快联合票，事由栏填“客快”。（　　）

62. 发售代用票时，对于代用客快速联合票，事由栏填“客快速”。（　　）

63. 发售代用票时，对于代用客特快联合票，事由栏填“客特快”。（　　）

64. 发售代用票时，对于办理包车票，事由栏填“包车”。（　　）

65. 铁路互联网售票网址为 http://www.12306.cn/。（　　）

66. 代用票代用客票时，原票栏不用填写。（　　）

67. 代用票代用加快票时，原票栏不用填写。（　　）

68. 代用票代用卧铺票时，原票栏不用填写。（　　）

69. 代用票代用空调票时，原票栏不用填写。（　　）

70. 发售代用票，代用学生减价票时，应注明圈㊫字样及证件号码。（　　）

71. 发售代用票，代用伤残军人减价票时，应注明圈残字样及证件号码。（　　）

72. 办理变更径路时，代用票事由栏填“变更”。（　　）

73. 办理变更座别时，代用票事由栏填“变座”。（　　）

74. 办理变更铺别时，代用票事由栏填“变铺”。（　　）
75. 办理软座变硬卧时，代用票事由栏填“变卧”。（　　）
76. 办理软座变硬卧时，代用票事由栏填“变铺”。（　　）
77. 办理越站乘车时，代用票事由栏填“越站”。（　　）
78. 办理分乘时，代用票事由栏填“分乘”。（　　）
79. 办理误售时，代用票事由栏填“误售”。（　　）
80. 办理误购时，代用票事由栏填“误购”。（　　）
81. 月度站台票的式样和价格由铁路局自定，价格应不少于每月一次。（　　）
82. 旅客须按票面载明的日期、车次、席别乘车。（　　）
83. 办理误撕车票时，代用票事由栏填“误撕”。（　　）
84. 办理退加快票时，代用票事由栏填“退快”。（　　）
85. 办理退卧铺票时，代用票事由栏填“退卧”。（　　）
86. 办理改乘高等级列车补收票价差额时，代用票事由栏填“补差”。（　　）
87. 对于无客票，代用票事由栏填“无票”。（　　）
88. 对于无普通加快票，代用票事由栏填“无票快”。（　　）
89. 对于无快速加快票，代用票事由栏填“无快速”。（　　）
90. 对于无特快加快票，代用票事由栏填“无特快”。（　　）
91. 对于乘车日期不符，代用票事由栏填“不符”。（　　）
92. 对于乘车车次不符，代用票事由栏填“不符”。（　　）
93. 对于乘车径路不符，代用票事由栏填“不符”。（　　）
94. 对于越席乘车，代用票事由栏填“越席”。（　　）
95. 对于不符合减价规定，代用票事由栏填“减价不符”。（　　）
96. 对于有效期终了，代用票事由栏填“过期”。（　　）
97. 对于丢失车票，代用票事由栏填“丢失”。（　　）
98. 对于有效期终了，代用票事由栏填“无效”。（　　）
99. 对于持站台票送人来不及下车，代用票事由栏填“送人”。（　　）
100. 严禁发售涂改的代用票。（　　）
101. 车票发站在开车后仍可退票。（　　）
102. 对于开车后改签的车票，仍可退票。（　　）
103. 学生票可以发售动车组一等座。（　　）
104. 动车组列车只发售二等座车学生票，学生票票价为全价票票价的 75%。（　　）

二、选择题

1. 随同成人旅行的年满 6 周岁未满 14 周岁的儿童，享受（　　）。
   A. 半价的客票、加快票和附加票　　B. 半价客票、加快票和空调票
   C. 半价客票和加快票　　D. 半价的客票和加快票
2. 两名成人旅客可免费携带（　　）名未满 6 周岁的儿童。
   A. 1　　B. 2　　C. 3　　D. 4

3. 免费乘车的儿童单独使用空调车卧铺时，应购买（　　）。

A. 全价卧铺票和半价座票、半价加快票、半价空调票

B. 半价卧铺票和空调票

C. 儿童优惠票

D. 全价卧铺票和半价空调票

4. 儿童票的座别应与成人相同，其到站（　　）。

A. 可以超过成人车票的到站　　B. 不得远于成人车票的到站

C. 也可超出成人车票到站　　D. 与成人到站方向不一致

5. 学生凭附有加盖院校公章的减价优待证的学生证，每年可享受（　　）次学生票待遇。

A. 一　　B. 二　　C. 三　　D. 四

6. 站台票当日使用（　　）次有效。

A. 一　　B.二　　C. 三　　D. 四

7. 儿童票是指半价的（　　）。

A. 客票　　B. 客票、加快票、空调票、卧铺票

C. 加快票　　D. 客票、加快票、空调票

8.（　　）的学生能发售学生票。

A. 经国家教育主管部门批准有学历教育资格的民办大学

B. 职工大学

C. 电视大学

D. 函授学校

9. 团体旅客票优惠时，团体旅客中有分别乘坐座、卧车或成人、儿童同一团体时按（　　）免收。

A. 其中票价低的　　B. 其中票价高的　　C. 儿童的票价　　D. 成人的票价

10. 持学生票要求报销时，应（　　）。

A. 补收全价票价与学生减价票价差额

B. 另行补收上车站至下车站票价

C. 补收全价票价与学生减价票价差额并加收应补票价 50%的票款

D. 加倍补收全价票价与学生减价票价差额

11. 伤残军人减价票为（　　）。

A. 半价的硬座、软座客票及附加票

B. 半价的硬座客票、全价的软座客票及附加票

C. 半价的硬座、软座客票及全价的附加票

D. 全价的硬座、软座客票及附加票

12. 非计算机售票的车站，发售优惠团体票时，一律（　　）。

A. 发售常备客票　　B. 发售区段票　　C. 填写代用票　　D. 填写“客杂”

13. 华侨学生和港澳台学生回家时，车票发售至（　　）。

A. 家庭所在地车站　　B. 口岸站

C. 本次列车终点站　　D. 换车站

14. 动车组列车（　　）学生票。

A. 只发售一等座车

B. 只发售二等座车

C. 既可发售一等座车，也可发售二等座车

D. 不发售

15. 持学生证要求使用硬卧时，应购买（　　）。

A. 半价的客票、加快票、空调票、硬卧票

B. 全价的客票、加快票、空调票、硬卧票

C. 半价的硬座客票、加快票、空调票及全价的硬卧票

D. 半价的客票、加快票、空调票及全价的硬卧票

16. 普通大专院校录取的新生，凭（　　）可买一次学生票。

A. 录取通知书　　B. 准考证

C. 学校书面证明　　D. 所在地教委证明

17. 持有“中华人民共和国伤残人民警察证”的旅客，可以享受半价的（　　）。

A. 软座、硬座客票和附加票　　B. 硬座客票和附加票

C. 软座客票和附加票　　D. 附加票

18. 现役伤残军人的“中华人民共和国伤残人民警察证”由（　　）签发。

A. 国家有关部门　　B. 市级民政部门

C. 省级民政部门　　D. 公安部

19. 年满 6 周岁未满 14 周岁的儿童单独使用卧铺时，应买（　　）。

A. 全价客票和卧铺票　　B. 儿童票和半价卧铺票

C. 儿童票和全价卧铺票　　D. 全价客票和半价卧铺票

20. 持学生证要求使用（　　），应全部购买全价票，不再享受减价待遇。

A. 硬卧　　B. 动车二等座　　C. 软卧　　D. 硬座

三、名称解释

团体旅客

四、问答题

1. 儿童优惠票发售的规定有哪些？

2. 伤残军人优待票的购买条件、购票凭证及减价票种分别是什么？

3. 团体旅客车票的发售规定有哪些？

4. 遇到什么情况需要填写代用票？

五、综合题

1. 2024年7月10日，一名学生持大连至沈阳的学生优待证，欲购买当日K629次（大连—哈尔滨，空调特快）大连至哈尔滨的硬座客特快学生票，请问大连站如何发售？

2. 一名成人旅客携带一名2018年3月1日出生的儿童，于2024年3月30日乘坐K1302次列车（新型空调车）由沈阳北至北京（途中经沈山线、京哈线至北京），欲购买两张硬卧下铺，请问如何发售？

3. 一名成人旅客携带一名2017年3月30日出生的儿童，于2024年3月30日乘坐K2048次（新型空调车）沈阳北到绥中，途中经过沈阳北、辽阳、鞍山、海城、盘锦、沟帮子、锦州、葫芦岛、兴城、绥中，欲购买当日硬座票，请问如何发售车票？

4. 2020 年 3 月 30 日出生的一对双胞胎于 2023 年 3 月 30 日随母亲乘坐哈尔滨至沈阳的 T184 次列车（新型空调车）沿京哈线，欲购买软卧下铺两张，请问应如何售票？

5. 一名成人旅客携带一名 2010 年 3 月 30 日出生的儿童，于 2024 年 3 月 30 日乘坐 K940 次（新型空调车）由牡丹江到沈阳，欲购买硬卧下铺，请问如何发售车票？如果该儿童是 2010 年 3 月 30 日出生，于 2024 年 3 月 29 日乘坐 K940 次，欲购买硬卧下铺，请问如何发售车票？

6. 一名 2010 年 3 月 30 日出生的儿童，同一成人旅客共同携带两名 2021 年 3 月 30 日出生的一对双胞胎，由哈尔滨至新民乘坐 K1394 次（新型空调车）硬卧下铺 2 张，于 2024 年 3 月 30 日乘坐，请问应如何发售车票？

7. 2024 年 3 月 30 日，一名成人旅客携带五名儿童，其中两名儿童于 2021 年 1 月 1 日出生，三名儿童于 2016 年 1 月 1 日出生，欲购买当日锦州至沈阳的 K341 次（新型空调车）硬座车票，请问应如何发售车票？

8. 2024 年 7 月 2 日，徐州站一名旅客持本人“中华人民共和国革命伤残军人证”欲购买一张 Z165 次（上海—拉萨，新型空调）徐州至兰州的软座客快速卧（下），请问徐州站应如何发售？

9. 2024 年 7 月 2 日，一名旅客在石家庄站购买 K233 次（石家庄—上海，空调快速）列车到上海站硬座客快速卧（下）票价，携带一名 7 周岁儿童共用一张卧铺，请问石家庄站如何处理？

单元 1.5　退　　票

一、判断题

1. 旅客要求退票时，须在车票载明的日期、车次开车时间前办理。（　　）
2. 已办理行李托运的车票，在退票时，应先办理取消行李托运业务。（　　）
3. 退票核收退票费。（　　）
4. 车票发站在开车后不办理退票。（　　）
5. 对于在开车后改签的车票，不予办理退票。（　　）
6. 对于加收的票款，不办理退票。（　　）
7. 对于车补车票（因未通过或未办理学生资质核验和丢失购票时使用的有效身份证件而办理的补票除外），不办理退票。（　　）
8. 旅客可在车站售票窗口办理退票。（　　）
9. 旅客可在 12306 网站办理退票。（　　）
10. 旅客可在具备退票功能的自动售票机办理退票。（　　）
11. 凭各种有效身份证件购买的车票均可在车站售票窗口办理退票。（　　）
12. 凭 12306 网站购票证件购买的车票可在 12306 网站办理退票。（　　）
13. 因列车晚点导致旅客退票时，应在车票发站列车实际开车前办理，退还旅客全部票款，不收退票费。旅客已购联程车票，可一并办理退票，不收退票费。（　　）
14. 因列车停运导致旅客退票时，旅客可自列车停运信息公布时起至车票乘车日期后 30 日以内办理退票手续，不收退票费。（　　）
15. 旅客办理已打印报销凭证的车票退票或退款手续时，须交回报销凭。报销凭证无法交回或不可识别、不完整时，铁路运输企业不办理退票或退款。（　　）
16. 因铁路运输企业责任或自然灾害等其他不能正常运输情形导致旅客退票时，不收退票费。（　　）
17. 旅客要求退票时，可以在车票载明的日期、车次开车时间后办理。（　　）

二、选择题

1. 旅客使用 12306 网站购票证件，通过现金方式购买或已打印报销凭证的车票，可通过 12306 网站先行办理退票。自网上办理退票成功之日起（　　）日以内，凭乘车人有效身份证件到车站指定窗口办理退款手续。

A. 180　　B. 90　　C. 30　　D. 10

2. 旅客旅行途中因伤、病不能继续旅行时，经站、车核实，可在下车（　　）日以内到下车站办理退票，退还已收票价与已乘区间票价差额，核收退票费。同行人同样办理。

A. 30　　B. 20　　C. 10　　D. 5

3. 因列车停运导致旅客退票时，旅客可自列车停运信息公布时起至车票乘车日期后（　　）日以内办理退票手续，不收退票费。

A. 30　　B. 20　　C. 10　　D. 40

三、问答题

1. 哪些情况不办理退票？

2. 退票费应如何收取？

3. 旅客在旅行途中因伤、病不能继续旅行时，应如何退票？

4. 因铁路运输企业责任或自然灾害等其他不能正常运输情形导致旅客退票时，应如何办理？

四、综合题

1. 2024 年 7 月 2 日，在 T113 次（杭州—兰州，空调特快），郑州到站时列车交下一名急病旅客，需住院治疗。该旅客持该次列车徐州至兰州的空调硬座客特快卧（下）车票办理退票手续，请问郑州站应如何处理？

2. 2024 年 7 月 2 日，在 T113 次（杭州—兰州，空调特快），郑州到站后一名旅客持列车长编制的 15 号硬卧车厢因燃轴甩下的客运记录和该次列车徐州至兰州的空调硬座客特快卧（下）车票要求办理退票手续，请问郑州站应如何处理？

3. 2024 年 7 月 2 日，在 T113 次（杭州—兰州，空调特快），到达兰州站后，一名旅客持列车长编制的空调在郑州开车后故障的客运记录和徐州至兰州的硬座空调客特快卧（下）车票，要求退还空调票，请问应如何处理？

项目2 旅客运输

单元2.1 客运记录

一、判断题

1. 编写的客运记录应内容准确、具体、详细、齐全、完整，如实反映情况，不得虚构、假想、臆测。（ ）

2. 旅客误乘列车，列车交前方停车站免费送回时，列车需编写客运记录。（ ）

3. 旅客坐过了站，列车交前方停车站免费送回时，列车需编写客运记录。（ ）

4. 在列车上，旅客因病不能继续旅行时，列车长应编制客运记录交中途有医疗条件的车站转送医院治疗时，需编写客运记录。（ ）

5. 发现旅客携带国家禁止或限制运输的物品、危险品乘车，移交最近前方停车站或有关车站处理时，需编写客运记录。（ ）

6. 旅客在列车内发生因病死亡，移交县、市所在地或较大车站处理时，需编写客运记录。（ ）

7. 发现违章使用铁路职工乘车证，上报铁路局收入部门处理时，需编写客运记录。（ ）

二、选择题

1. 客运记录一式（ ）份。

A. 两　B. 一　C. 三　D. 四

2. 客运记录保管期限为（ ）年。

A. 一　B. 半　C. 两　D. 三

三、名词解释

客运记录

四、问答题

1. 列车编写客运记录的范围有哪些？

2. 车站编写客运记录的范围有哪些？

单元 2.2　旅客乘车条件

一、判断题

1. 在列车内寻衅滋事的旅客，列车长可责令其下车，列车长编客运记录交车站，车站工作人员将该旅客带出站外，情节严重的送交公安部门处理。（　　）

2. 因误售、误购或误乘需送回时，承运人应免费将旅客送回。（　　）

3. 因违反国家法律、法规，在站内、列车内寻衅滋事、扰乱公共秩序的人，被责令下车后，对未使用到站的票价不予退还，运输合同即行终止。（　　）

4. 精神病患者站车可以不予运送，已购车票按旅客退票的有关规定处理。（　　）

5. 发现有人护送的精神病旅客，乘务员应向护送人员介绍安全注意事项，并予以协助。（　　）

6. 列车上发现有烈性传染病患者时，列车长编制客运记录交车站处理。必要时，应通知铁路防疫部门处理污染现场。（　　）

7. 在站、车内寻衅滋事、扰乱公共秩序、患有烈性传染病、严重精神障碍和醉酒等有可能危及列车安全或者其他旅客以及铁路站车工作人员人身安全的旅客，站车可以拒绝其乘车。（　　）

8. 对无票乘车且拒绝补票的人，列车长可责令其下车，并编制客运记录交前方三等以上车站或县、市所在地车站处理（其到站近于上述车站时应交到站处理）。（　　）

9. 旅客应当按有效车票载明的日期、时间、车次、车厢号、席位号和席别乘车。（　　）

10. 持低票价席别车票的旅客可以在高票价席别的车厢（区域）滞留。（　　）

11. 票、证、人不一致的，按无票处理。（　　）

12. 开车前超过 48h 的，可改签预售期内的列车。（　　）

13. 开车后旅客仍可改签当日其他列车。（　　）

14. 开车后旅客不可改签。（　　）

15. 当计算越站区间的票价时，越站区间不足起码里程按起码里程计算。（ ）

16. 旅客要求越站乘车，必须在原票到站前提出，办理时最远不超过本次列车的终点站。（ ）

17. 旅客不能按票面指定的日期、车次乘车时，在列车有能力的前提下，可以办理两次提前或改晚乘车签证手续。（ ）

18. 因铁路责任造成旅客不能按票面记载的日期、车次乘车时，乘车站应按旅客要求尽早安排改乘有能力列车去到站。（ ）

19. 因铁路原因导致旅客改乘，发生票价差额时，只退不补。（ ）

20. 旅客要求变更座席和铺位、列车等级时，由高等级变更为低等级不办理。（ ）

21. 旅客要求变更座席和铺位、列车等级时，由低等级变更为高等级时，应补收变更区间的票价差额。（ ）

22. 持用软座票的旅客要求改用硬卧时，补收变更区间的票价差额。（ ）

23. 因承运人责任使旅客不能按票面记载的日期、车次、座别、铺别乘车时，重新安排使旅客变更座席、铺位、列车等级，应补收的不补收。（ ）

24. 因承运人责任使旅客不能按票面记载的日期、车次、座别、铺别乘车时，重新安排使旅客变更座席、铺位、列车等级，应退款时，站、车应编制客运记录，到站退还票价差额。不收退票费。（ ）

二、选择题

1. 购买了直达列车各席别车票的旅客，可办理（ ）次改签手续。

A. 一　B. 二　C. 三　D. 四

2. 旅客因误乘被送回时，若中途下车，对往返乘车的免费区间（ ）。

A. 按返程所乘列车等级分别核收往返区间票价

B. 对往返乘车区间加倍补收票价

C. 对已乘区间补收票价，返程区间加倍补收票价

D. 对往返乘车区间补收票价，并加收应补票价 50%的票款

3. 旅客办理改晚乘车签证手续时，最迟不超过（ ）。

A. 开车前 2h　B. 开车后 1h　C. 开车前 1h　D. 开车当日

4. 旅客在开车前 48h 以上，办理改签时，改签后的车次票价低于原票价时，（ ）。

A. 不予办理

B. 免费改签，退还票价差额

C. 不退还票价差额

D. 给予办理，但票价差额部分不予退还

5. 铁路将误乘旅客免费送回时，在免费送回区间，旅客（ ）。

A. 可中途下车，车票即行失效

B. 可中途下车，卧铺票即行失效

C. 可中途下车，并在客票有效期内恢复旅行

D. 不得中途下车

6. 开车前不足（　　）h 的，可改签车票载明的乘车日期之后预售期内的列车，核收改签费。

A. 48　　B. 24　　C. 36　　D. 12

三、名词解释

越站

四、问答题

1. 对哪些旅客，站、车可拒绝其进站、上车或责令其下车？

2. 车票改签是如何规定的？

3. 有哪些行为时，铁路运输企业应按规定补票，并加收已乘区间应补票价 50%的票款？

4. 有哪些行为时，铁路运输企业应按规定补票？

5. 在什么情况下可以办理越站？

6. 如何处理因铁路运输企业责任发生的变更？

五、综合题

1. 2024 年 7 月 2 日，K367 次（汉口—大连，经由沟海线）新型空调列车的列车乘务员在锦州到站前验票发现一名旅客持山海关至大连 K367 次硬座客快速车票乘坐硬卧下铺，请问列车长应如何处理？

2. 2024 年 7 月 2 日，上海开往乌鲁木齐的 Z41 次新型空调特快旅客列车的列车乘务员在西宁到站验票时发现一名旅客持当日郑州到兰州的学生优惠票，但没有规定的减价凭证，请问西宁站应如何处理？

3. 2024 年 7 月 2 日，K2624 次新型空调旅客列车（满洲里—大连）长春站开车后，一名旅客持当日满洲里至沈阳北本次列车的硬座客快车票，要求自长春开始使用软卧下铺并越站至大连。列车长同意办理，请问应如何办理？

4. 2024 年 7 月 2 日，K157 次（北京西—湛江，空调快速）株洲站开车后，一名伤残军人持本人“中华人民共和国残疾军人证”要求补一张软座客快速卧（下）至湛江，列车有空余卧铺，请问应如何处理？

5. 2024年7月2日，临沂—牡丹江K4451次列车（新型空调）到达海林后，车站工作人员在售票时发现一名旅客持他人身份证购买的车票，请问车站如何处理？

单元2.3　旅客携带品

一、判断题

1. 旅客携带品由自己负责看管。（　　）

2. 家养宠物可以随主人同行，带入列车内。（　　）

3. 旅客可以携带榴梿乘车。（　　）

4. 带有恶臭异味的物品不得带入列车内。（　　）

5. 旅客每人免费携带品的重量是成人20kg，儿童10kg，外交人员35kg。（　　）

6. 普通车旅客免费携带物品，每件物品外部尺寸长、宽、高之和不超过160cm。动车组旅客免费携带物品，每件物品外部尺寸长、宽、高之和不超130cm。（　　）

7. 免费乘车的儿童不可以免费携带物品。（　　）

8. 国家禁止运输的物品不得带入车内。（　　）

9. 旅客免费携带品中单件重量不超过25kg。（　　）

10. 导盲犬可以带入列车内。（　　）

11. 毒害品可以带入列车内。（　　）

12. 为了方便旅客，三等以上客流较大的车站均应设旅客携带品暂存处。（　　）

13. 旅客携带品超过免费重量或超过规定的外部尺寸时，在发站禁止进站上车。（　　）

14. 能够损坏车辆的物品禁止带入列车内。（　　）

15. 旅客携带动物，按该动物全部重量补收乘车站至到站三类包裹运费。（　　）

16. 发现旅客违章携带危险品乘车，按该件全部重量补收乘车站至下车站四类包裹运费，危险品交前方停车站处理。（　　）

17. 遗失物品需要通过铁路向失主所在站转送时，内附清单，物品加封，填写客运记录和行李、包裹交接证，交列车行李员签收。（　　）

18. 旅客遗失物品向查找站转送时，物品重量超过5kg时，到站按品类补收运费。（　　）

19. 超过免费携带重量的物品，对不可分拆的整件超重、超大物品、动物，按该件全部重量补收上车站至下车站四类包裹运费。（　　）

20. 遗失物品中的危险品、国家禁止或限制运输的物品、机要文件应立即移交公安机关或有关部门处理，不办理转送。（　　）

21. 旅客的遗失物品，如旅客已下车，应编制客运记录，注明品名、件数等移交下车站。（　　）

22. 旅客将宠物小狗带入车内，若小狗伤害其他旅客，由携带者负责。（　　）

23. 超过免费携带重量的物品，对不可分拆的整件超重、超大物品、动物，按该件全部重量补收上车站至下车站行李运费。（　　）

24. 对违章携带的物品补收运费时，一律填写客运运价杂费收据，注明日期、发到站、车次、事由、件数、重量。（　　）

25. 对已带入车内的猫、狗、猴等宠物，应安排在列车座位下由旅客自己照看。（　　）

26. 在车内或下车站，对超过免费重量的物品，其超重部分应补收四类包裹运费。（　　）

27. 对于旅客遗失物品中的鲜活易腐品和食品，不负责保管和转运。（　　）

28. 旅客携带品超重时，超重的物品价值低于运费时，可按物品价值的50%核收运费。（　　）

29. 外交人员免费携带品的重量是35kg。（　　）

30. 旅客免费携带品重量每件最大不超过20kg。（　　）

31. 能够污染车辆的物品禁止带入列车内。（　　）

32. 发现危险品时，列车交前方停车站处理，车站按该件全部重量加倍补收乘车站至下车站行李运费。（　　）

33. 发现旅客携带妨碍公共卫生的物品，按该件全部重量加倍补收乘车站至下车站四类包裹运费。（　　）

34. 发现旅客携带国家限制运输的物品，按该件全部重量加倍补收乘车站至下车站行李运费。（　　）

35. 公安人员持枪不能乘坐旅客列车。（　　）

36. 发现旅客携带损坏污染车辆的物品，按该件全部重量加倍补收乘车站至下车站行李运费。（　　）

37. 活动物不得随身携带乘车。（　　）

38. 旅客携带品超过免费重量或超过规定的外部尺寸需补收运费时，不得超过本次列车的始发和终到站。（　　）

39. 没收旅客携带的危险品时，应向被没收人出具书面证明，即《没收危险品决定书》，被没收人签字。（　　）

40. 旅客遗失物品中，国家禁止运输的物品不办理转送。（　　）

41. 旅客遗失物品中，国家限制运输的物品不办理转送。（　　）

42. 旅客遗失物品中，动物不办理转送。（　　）

43. 旅客遗失物品中，机要文件不办理转送。（　　）

44. 旅客将10kg海鲜遗失在列车上，可办理转送。（　　）

45. 不准带超重、超大物品进站和列车内。（　　）

46. 旅客遗失的物品不能判明旅客下车站时，移交列车终点站处理。（　　）

47. 臭豆腐可以带入列车内。（　　）

二、选择题

1. 旅客免费携带的重量是成人旅客（　　）kg。
A. 20　B. 35　C. 40　D. 10

2. 发现旅客违章携带危险品乘车，按该件全部重量（　　）乘车站至下车站行李运费，危险品交前方停车站处理。
A. 补收　B. 20%补收　C. 加倍补收　D. 50%补收

3. 遗失物品需要通过铁路向失主所在站转送时，内附清单，物品加封，填写客运记录和（　　），交列车行李员签收。
A. 客运运价杂费收据　B. 行李、包裹交接证
C. 车站暂存票收据　D. 车站值班员交接证

4. 失主来领遗失物品时，应查验（　　）。
A. 工作证　B. 单位证明　C. 身份证　D. 户口簿

5. 对旅客的遗失物品不能判明失主下车站时，（　　）。
A. 移交前方停车站　B. 移交列车始发站
C. 移交列车终到站　D. 移交后方停车站

6. 旅客遗失物品向查找站转送时，物品重量超过 5kg 时，到站按（　　）补收运费。
A. 四类包裹　B. 二类包裹　C. 三类包裹　D. 品类

7. 对不可分拆的整件超重、超大物品，动物，按该件全部重量补收上车站至下车站（　　）运费。
A. 二　B. 四　C. 一　D. 行李

8. 遗失物品中的危险品、国家禁止或限制运输的物品、机要文件应立即移交公安机关或有关部门处理，（　　）。
A. 不办理转送　B. 交车站转送
C. 开具客运记录　D. 向有关部门发电报

9. 旅客的遗失物品，如旅客已下车，应编制客运记录，注明（　　）、件数等移交下车站。
A. 品名　B. 名称　C. 物品　D. 重量

10. 旅客携带的（　　），不得带入车内。
A. 水果　B. 动物　C. 蔬菜　D. 充电器

11. 旅客将宠物小狗带入车内，若小狗伤害其他旅客，由（　　）负责。
A. 列车员　B. 携带者　C. 承运人　D. 工作人员

12. 旅客携带的（　　），不得带入车内。
A. 臭豆腐　B. 鸡蛋　C. 蔬菜　D. 充电器

13. 对违章携带的物品补收运费时，一律填写（　　）收据，注明日期、发到站、车次、事由、件数、重量。
A. 代用票　B. 客运记录　C. 客运运价杂费　D. 行李、包裹交接

14. 对已带入车内的猫、狗、猴等宠物，应安排在列车（　　）由旅客自己照看。
A. 座位下　B. 洗脸间　C. 通过台　D. 行李架上

15. 对旅客遗失物品中的鲜活易腐品和食品，（　　）保管和转运。
A. 不负责　B. 不办理　C. 应负责　D. 要妥善

16. 在车内或下车站，对超过免费重量的物品，其超重部分应补收上车站至下车站（　　）运费。
A. 四类包裹　B. 三类包裹　C. 二类包裹　D. 行李

17. 旅客携带品超重时，超重的物品价值低于运费时，可按物品价值的（　　）核收运费。
A. 20%　B. 30%　C. 40%　D. 50%

18. 外交人员免费携带品的重量是（　　）kg。
A. 30　B. 35　C. 40　D. 50

19. 除儿童、外交人员外，每名旅客免费携带品的重量是（　　）kg。
A. 20　B. 25　C. 30　D. 35

20. 免费携带品的体积，每种物品的外部尺寸长、宽、高之和不超过（　　）cm。
A. 210　B. 200　C. 180　D. 160

21. 免费携带的杆状物品长度不超过（　　）cm。
A. 160　B. 180　C. 200　D. 230

22. 儿童免费携带品的重量是（　　）kg。
A. 10　B. 15　C. 20　D. 25

23. 车站组织旅客出站时，发现一名旅客携带一个旅行包（重量为 18kg，内有汽油 1 瓶重 2kg），到站应（　　）。
A. 补收乘车站至下车站 20kg 四类包裹运费
B. 补收乘车站至下车站 5kg 四类包裹运费
C. 加倍补收乘车站至下车站 18kg 行李运费
D. 加倍补收乘车站至下车站 2kg 四类包裹运费

24. 列车发现旅客携带能够污染车辆的物品，应按（　　）。
A. 该件全部重量加倍补收乘车站至下车站行李运费
B. 该件全部重量补收乘车站至下车站四类包裹运费
C. 该件全部重量加倍补收乘车站至下车站三类包裹运费
D. 该件全部重量补收乘车站至下车站四类包裹运费

25. 旅客遗失物品在（　　）kg 以内的，可免费转送。
A. 5　B. 10　C. 15　D. 20

26.（　　）可以带进站和列车内。
A. 国家禁止限制运输的物品
B. 动物及妨碍公共卫生的物品
C. 能够损坏或污染车辆的物品
D. 有导盲犬工作证的导盲犬

27. 遗失物品中，（　　）应办理转送。
   A. 机要文件　　B. 油漆
   C. 枪支　　D. 照相机
28. 在旅客下车站发现旅客携带品超过规定免费重量的，应（　　）。
   A. 从乘坐列车的始发站至终到站补收四类包裹运费
   B. 对其超重部分按行李补收乘车站至下车站的运费
   C. 按该件全部重量加倍补收乘车站至下车站四类包裹运费
   D. 从乘坐列车的始发站至终到站对其超重部分补收四类包裹运费
29. 遗失物品中，（　　）不办理转送。
   A. 电视机　　B. 衣物　　C. 食品　　D. 书籍

三、名词解释

旅客遗失物品

四、问答题

1. 旅客携带品的范围是什么？

2. 旅客违章携带物品，应如何处理？

五、综合题

2024年7月2日，1461次（北京丰台—上海）旅客列车到达上海站出站时，列车乘务员发现一名成人旅客持天津西至上海硬座客快票携带重15kg的行李箱和重10kg的背包一个，请问上海站应如何处理。

项目3 行李、包裹运输

单元 3.1 行李、包裹的范围

一、判断题

1. 行李中能夹带工作证、户口簿。 ( )
2. 活蛇可以按包裹运输。 ( )
3. 泡沫塑料属于三类包裹。 ( )
4. 带运包裹是指旅客将按包裹办理的贵重品、重要文件、尖端保密产品带入包房，自行看管和装卸的物品。 ( )
5. 尸体可以按包裹运输。 ( )
6. 旅客在乘车区间内凭有效客票每张可托运一次行李，残疾人车不限次数。 ( )
7. 包裹是指适合在旅客列车行李车内运输的小件货物。 ( )
8. 警犬不能按包裹运输。 ( )
9. 行李中可以夹带货币。 ( )
10. 鲜蛋按三类包裹运输。 ( )
11. 花椒按二类包裹运输。 ( )
12. 大学生课本属一类包裹。 ( )
13. 熏肉按二类包裹办理。 ( )
14. 骨灰可以按包裹运输。 ( )
15. 档案材料可以夹带在行李中运输。 ( )
16. 行李运输属于旅客运输部分，所以行李的递远递减率与旅客票价递远递减率相同。 ( )
17. 新闻图片和书刊混装为一件应按二类包裹运输。 ( )
18. 凭政府机关证明托运的抢险救灾物资按一类包裹运输。 ( )
19. 自发刊日起 5 日以内的报纸按一类包裹运输。 ( )
20. 中小学生的教学参考书按一类包裹运输。 ( )
21. 酸奶按三类包裹运输。 ( )
22. 干果、奶粉按二类包裹办理。 ( )
23. 酸奶按二类包裹运输。 ( )
24. 全国政协工作用书按二类包裹运输。 ( )
25. 猛兽可以按包裹运输。 ( )

26. 鲜百合按三类包裹办理。 (　　)
27. 鲜蛋按三类包裹办理。 (　　)
28. 熟肉按二类包裹办理。 (　　)
29. 干豆腐按二类包裹办理。 (　　)
30. 土豆可以按二类包裹办理 (　　)
31. 奶酪按三类包裹办理。 (　　)
32. 荸荠按二类包裹运输。 (　　)
33. 灵柩可以按包裹托运。 (　　)
34. 有价证券可以夹带在行李中运输。 (　　)
35. 自发刊起 5 日以内的报纸按二类包裹运输。 (　　)
36. 中央、省级政府（含国务院各部委和解放军大军区）宣传用非卖品以及新闻图片按一类包裹运输。 (　　)
37. 中、小学生的教学课本，不含各种参考书及辅导读物可按一类包裹运输。(　　)
38. 全国政协工作用书不在一类包裹运输范围之内。 (　　)
39. 抢险救灾物资凭政府机关证明办理托运可按二类包裹运输。 (　　)
40. 国家规定的统一书刊号的各种刊物、著作、工具书册以及内部发行的规章按二类包裹运输。 (　　)
41. 泡沫塑料及其制品按四类包裹运输。 (　　)
42. 快运包裹每件最大重量一般不超过 50kg。超过 50kg 时，按超重快运包裹办理。 (　　)
43. 一头重量为 22kg 的猪可按包裹运输。 (　　)
44. 老虎可按包裹托运。 (　　)
45. 每头不超过 20kg 的活动物可按包裹托运。 (　　)
46. 行李每件的最大重量为 50kg。 (　　)
47. 25kg 的猪属不能按包裹运输。 (　　)
48. 已发刊 10 日后的足球报属一类包裹。 (　　)
49. 鲜蔬菜属于三类包裹。 (　　)
50. 行李每件外部尺寸长宽高之和最大不超过 200cm。 (　　)
51. 行李每件外部尺寸长宽高之和最小不小于 60cm。 (　　)
52. 送给灾区人民衣物按二类包裹办理。 (　　)
53. 一级运输包装的放射性同位素按三类包裹办理。 (　　)
54. 咸蛋按二类包裹办理。 (　　)
55. 国家禁止运输的物品不得夹带在行李中。 (　　)
56. 国家限制运输的物品不得夹带在行李中。 (　　)
57. 具有放射性的物品不得夹带在行李中。 (　　)
58. 珍贵文物不得夹带在行李中。 (　　)
59. 快运包裹外部尺寸长宽高之和不得小于 0.6m。 (　　)
60. 快运包裹外部的最大尺寸应不超过长 3m、宽 1.5m、高 1.8m，超过时应先与中转

机构或到达机构协商，同意后方能办理。 （ ）

61. 行李中可以夹带小说。 （ ）

62. 文物不属于行李的范围。 （ ）

63. 铁路行李包裹运输合同是指承运人与托运人、收货人之间明确行李、包裹运输权利义务关系的协议。 （ ）

64. 行李运输合同的基本凭证是行李票。 （ ）

65. 快运包裹运输合同的基本凭证为中国铁路小件货物快运运单和中铁快运托运单。 （ ）

66. 办理行李及包裹运输，托运人与承运人之间必须签署运输合同。 （ ）

二、选择题

1. 包裹运价率是以（ ）类包裹运价率为基础，其他各类包裹按该类包裹的运价率加成或减成的比例确定。

A. 一 B. 二 C. 三 D. 四

2. 行李体积以适于装入行李车为限，但最小长宽高之和不小于（ ）cm。

A. 60 B. 50 C. 40 D. 100

3. 包裹是指适合在旅客列车行李车内运输的（ ）。

A. 货物 B. 小件急运货物 C. 物品 D. 大件货物

4. 已发刊10日后的足球报属于（ ）类包裹。

A. 一 B. 二 C. 三 D. 四

5. 中、小学课本属（ ）类包裹。

A. 一 B. 二 C. 三 D. 四

6. 抢险救灾物资属（ ）类包裹。

A. 一 B. 二 C. 三 D. 四

7. 蔬菜属于（ ）类包裹。

A. 四 B. 三 C. 二 D. 一

8. 包裹每件的最大重量为（ ）kg。

A. 30 B. 40 C. 50 D. 60

9.（ ）属不能按包裹运输的物品。

A. 25kg 的猪 B. 18kg 的哈巴狗 C. 23kg 的警犬 D. 15kg 的警犬

10. 行李中不得夹带货币、（ ）、珍贵文物等贵重物品。

A. 装饰品 B. 化妆品 C. 档案材料 D. 照相机

11. 行李中不得夹带国家（ ）运输物品、危险品。

A. 有条件控制 B. 无条件控制

C. 有条件允许 D. 禁止、限制

12.（ ）不属于行李的范围。

A. 旅客自用的被褥 B. 旅客自用的衣服

C. 书刊 D. 旅客代步的自行车

13. 送给灾区人民衣物按（　　）类包裹办理。
A. 一　B. 二　C. 三　D. 四
14. 旅客可凭客票办理（　　）次行李托运。
A. 一　B. 二　C. 三　D. 四
15. 咸鱼按（　　）类包裹办理。
A. 一　B. 二　C. 三　D. 四
16. 自发刊日起，（　　）日以内的报纸按一类包裹办理。
A. 3　B. 5　C. 2　D. 10
17. 可按一类包裹办理的物品是（　　）。
A. 报纸　B. 新闻图片
C. 电影宣传图　D. 地（市）级政府宣传用非卖品
18.（　　）属于四类包裹。
A. 残疾人车　B. 自行车　C. 电动自行车　D. 摩托车
19. 超过行李规定重量的物品，超出部分按（　　）倍的行李运价计费。
A. 1　B. 2　C. 3　D. 4
20. 托运（　　）级政府宣传用非卖品按一类包裹办理。
A. 县市　B. 地市　C. 中央、省　D. 乡镇
21. 行李是指旅客自用的被褥、衣服、个人阅读的书籍、残疾人车和（　　）。
A. 其他随身携带品　B. 其他旅行日用品
C. 其他旅行必需品　D. 其他个人必需品
22. 包裹是指（　　）的小件货物。
A. 适合在旅客列车行李车内运输　B. 按包裹承运
C. 不能按行李办理托运　D. 随身携带品以外的
23.（　　）按一类包裹办理托运。
A. 电影预告图片　B. 中、小学生课本
C. 中、小学生参考书　D. 报纸
24. 现行一类包裹运价与二类包裹运价的比率为（　　）。
A. 1：7　B. 2：7　C. 3：7　D. 4：7
25. 现行一类包裹运价与四类包裹运价的比率为（　　）。
A. 1：13　B. 2：13　C. 3：13　D. 4：13
26. 现行二类包裹运价与三类包裹运价的比率为（　　）。
A. 0.5：1　B. 0.6：1　C. 0.7：1　D. 0.8：1
27. 现行四类包裹运价与三类包裹运价的比率为（　　）。
A. 1.1：1　B. 1.2：1　C. 1.3：1　D. 1.4：1
28. 送给灾区的帐篷按（　　）类包裹办理。
A. 一　B. 二　C. 三　D. 四
29. 行李运价率为（　　）元/（kg · km）。
A. 0.05861　B. 0.0005861　C. 0.005861　D. 0.5861

30. 一件包裹中装有服装、书籍各为20kg，则该件包裹按（ ）类计费。
A. 二 B. 三 C. 四 D. 一

31.（ ）按三类包裹计费。
A. 酸牛奶 B. 炼乳 C. 奶酪 D. 鲜牛乳

32.（ ）按二类包裹办理。
A. 豆腐干 B. 干辣椒 C. 粉皮 D. 花椒

33.（ ）按二类包裹办理。
A. 百合 B. 栗子 C. 白果 D. 椰子

34.（ ）按二类包裹办理。
A. 鲜鸡蛋 B. 松花蛋 C. 咸蛋 D. 糟蛋

35.（ ）按二类包裹办理。
A. 咸肉 B. 熟肉 C. 腌肉 D. 猪肚

36.（ ）按三类包裹办理。
A. 牛肠 B. 羊肠 C. 香肠 D. 胎盘

37.（ ）按二类包裹计费。
A. 海参 B. 海带 C. 咸海蜇 D. 卤虾

38.（ ）属于四类包裹。
A. 重量为60kg的配件 B. 油样箱
C. 铁桶 D. 电视机

三、名词解释

1. 铁路行李包裹运输合同

2. 行李

3. 包裹

四、问答题

1. 行李票主要信息包含哪些？

2. 行李运输合同的有效期间是什么？

3. 包裹的分类有哪些？

4. 不能按包裹运输的物品有哪些？

5. 行李中不得夹带的物品有哪些？

单元3.2　行李、包裹的托运和承运

一、判断题

1. 按保价运输的行李、包裹，声明价格必须与实际价格相符，可分件声明，也可声明总价格。（　　）

2. 按保价运输的行李、包裹，声明价格时可以声明一批中的一部分。（　　）

3. 行李保价费按声明价格的0.5%计算。（　　）

4. 按包裹托运警犬时，应提供公安部门的书面证明。（　　）

5. 按包裹托运国家法律保护的野生动物，应提供国家林业主管部门的运输证明。（　　）

6. 行李必须凭客票办理托运。 (　　)
7. 一段按行李、一段按包裹托运时，全程按行李核收保价费。 (　　)
8. 按保价运输的行李、包裹发生运输变更时，保价费不补不退。 (　　)
9. 一段按行李、一段按包裹托运时，全程按包裹核收保价费。 (　　)
10. 按保价运输的包裹核收保价费，包裹保价费按声明价格的 1%计算。 (　　)
11. 骨灰可以按包裹托运。 (　　)
12. 尸体不可以按包裹托运。 (　　)
13. 骨灰不可以按包裹托运。 (　　)
14. 灵柩不可以按包裹托运。 (　　)
15. 蛇不可以按包裹托运。 (　　)
16. 托运警犬不需证明。 (　　)
17. 按包裹托运金银珠宝应提供中国人民银行的正式文件或当地铁路公安局、公安处的免检证明。 (　　)
18. 按包裹托运货币证券应提供中国人民银行的正式文件或当地铁路公安局、公安处的免检证明。 (　　)
19. 按包裹托运动植物时，应提供动植物检疫证明。办理时，将检疫证明的二联附在运输报单上以便运输过程中查验。 (　　)
20. 对于运输距离在 200km 以内的不需要饲养的家禽按包裹运输时，托运人提出不派人押运时可以按包裹办理托运。 (　　)
21. 按包裹托运免检物品时，可以不派人押运。 (　　)
22. 押运的包裹应装行李车，由押运人自行看管，车站负责装车和卸车。 (　　)
23. 押运人应购买车票，并对所押物品安全负责。 (　　)
24. 一批包裹原则上限派一名押运人。 (　　)
25. 押运人凭"铁路包裹运输押运证"和旅客列车全价硬座车票登乘行李车押运，押运证由托运人向承运行包房申请办理。 (　　)
26. 押运员可以在列车内吸烟。 (　　)

二、选择题

1. 包裹运价率是以（　　）类包裹运价率为基础，其他各类包裹按该类包裹的运价率加成或减成的比例确定。

A. 一　　B. 二　　C. 三　　D. 四

2. 按保价运输的行李核收保价费，行李保价费按声明价格的（　　）计算。

A. 0.5%　　B. 1%　　C. 2%　　D. 3%

3. 按保价运输的包裹核收保价费，包裹保价费按声明价格的（　　）计算。

A. 3%　　B. 2%　　C. 1%　　D. 0.5%

4. 行李、包裹运输合同的（　　）是行李、包裹票。

A. 合同凭证　　B. 基本凭证

C. 运输凭证　　D. 协议凭证

5. 车站承运（　　）必须派人押运。

A. 货币　B. 服装　C. 电视　D. 手机

6. 行李每件的最大重量为（　　）kg。

A. 60　B. 50　C. 40　D. 20

7. 托运（　　）必须派人押运。

A. 活螃蟹　B. 香烟　C. 小鸡　D. 树苗

8. 列车发现不打印票号的行李、包裹，应（　　）。

A. 可以装运　B. 交前方站处理

C. 计收运费　D. 拒绝装运

9. 行李应（　　）装运。

A. 以直达列车

B. 以直达列车或中转次少的列车

C. 以中转次数少的列车

D. 随旅客所乘列车装运或提前

10. 托运（　　）时，需要提供运输证明。

A. 计算机　B. 出口服装　C. 摩托车　D. 警犬

11. 向收货人支付行李、包裹逾期违约金，最高不超过运费的（　　）。

A. 10%　B. 20%　C. 30%　D. 40%

12. 按保价运输的物品，全部灭失时，按（　　）赔偿。

A. 赔偿限额　B. 声明价格　C. 实际损失　D. 保价费

13. 按保价运输的物品，部分损失时，按（　　）赔偿。

A. 声明价格　B. 损失部分所占的比例

C. 实际损失　D. 赔偿限额

14. 托运动、植物时，应有（　　）的检疫证明。

A. 卫生防疫站

B. 铁路卫生防疫站

C. 动、植物检疫部门

D. 地市以上动、植物检疫部门

15. 行李、包裹分为保价运输和不保价运输，（　　）运输方式。

A. 托运人可选择其中一种

B. 承运人可选择其中一种

C. 承运人可根据情况选择

D. 托运人可选择一段保价、一段不保价

16. 旅客托运两件行李到宁波，客票到站杭州，声明价格为800元，车站应核收（　　）元保价费。

A. 4.00　B. 8.00　C. 10.00　D. 6.00

17. 保价的行李、包裹，因承运人责任造成的取消托运时，保价费（　　）。

A. 不予退还　B. 全部退还　C. 部分退还　D. 按50%比例退还

18. 托运（　　）时，应在包装表面明显处贴上“一级放射性物品”的安全标志。

A. 危险品

B. 一级运输包装的放射性同位素

C. 油样箱

D. 二级运输包装的放射性同位素

19. 按保价运输的行李、包裹核收保价费，一段按行李、一段按包裹托运时，全程按（　　）核收保价费。

A. 行李　　B. 包裹

C. 行李、包裹分别　　D. 行李加倍

20.《铁路旅客运输办理细则》规定，I级放射性同位素不得与感光材料及活动物配装，与食品配装需要隔开（　　）m 以上距离。

A. 0.5　　B. 1　　C. 1.5　　D. 2

21. 托运警犬应提供（　　）的运输证明。

A. 林业部门　　B. 公安部门

C. 动物检疫部门　　D. 卫生防疫部门

22. 托运枪支应提供（　　）的运输证明。

A. 发站所属县、市公安局

B. 运往地县、市公安局

C. 发站所属省级以上公安部门

D. 运往地省级以上公安部门

23. 托运油样箱时，必须提供（　　）签发的油样箱使用证。

A. 国务院铁路主管部门

B. 国家石油、化工总公司

C. 铁路局

D. 铁路卫生防疫部门

24. 对运输距离在（　　）km 以内，不需要饲养的家禽、家畜，可不派人押运。

A. 100　　B. 150　　C. 200　　D. 250

25. 对托运人提出不派人押运的家禽、家畜，车站应向托运人说明，并在（　　）上注明“途中逃逸、死亡，铁路免责”。

A. 包裹票记事栏　　B. 包裹票背面

C. 托运单　　D. 装卸交接证上

26. 对每立方米重量不足（　　）kg 的轻泡货物，在小件货物快运运单上应填写体积。

A. 157　　B. 160　　C. 165　　D. 167

27. 在车站退还带有“(　　)”字戳记车票时，应先将托运的行李取消托运或改按包裹托运。

A. 包裹　　B. 行包　　C. 行　　D. 行李

28. 对每立方米重量不足 167kg 的轻泡货物，小件货物快运运单内应填写（　　）。

A. 状态　　B. 包装　　C. 体积　　D. 密度

29. 旅客在乘车区间凭有效客票每张可托运（　　）次行李。

A. 1　　B. 2　　C. 3　　D. 多

30. 蛇、猛兽和每头超过（　　）kg 的活动物（警犬和运输命令指定运输的动物除外），不能按包裹办理。

A. 15　　B. 20　　C. 25　　D. 30

三、名词解释

托运

四、问答题

哪些物品按包裹托运时必须派人押运？

单元 3.3　行李、包裹的运送

一、判断题

1. 运价里程 402km 的包裹运到期限为 3 日。（　　）
2. 行李、包裹的运到期限按运价里程计算。（　　）
3. 运价里程为 504km 的行李运到期限为 3 日。（　　）
4. 运价里程为 300km 的包裹运到期限为 3 日。（　　）
5. 运价里程为 2605km 的行李运到期限为 5 日。（　　）
6. 运价里程为 2609km 的包裹运到期限为 9 日。（　　）
7. 行李应随旅客所乘列车装运或提前装运。（　　）
8. 运价里程 1234km 的包裹运到期限为 5 日。（　　）
9. 由于不可抗拒的力量所产生的停留时间，应加在行李包裹的运到期限内。（　　）
10. 运价里程 2012km 的行李运到期限为 5 日。（　　）
11. 一段按行李、一段按包裹计价时，全程按行李计算运到期限。（　　）
12. 由于非铁路责任所产生的停留时间，应加在行李包裹的运到期限内。（　　）
13. 行李、包裹的实际运到日数超过规定的运到期限时，到站应按所收运费最高不超过 30%向旅客或收货人支付运到逾期违约金。（　　）

14. 行李票戊页为褐色。（　　）
15. 行李票丁页为红色。（　　）
16. 行李票丙页为绿色。（　　）
17. 行李票乙页为黑色。（　　）
18. 行李票甲页为红色。（　　）
19. 行李票戊页为存查页。（　　）
20. 行李票丁页为报销页。（　　）
21. 行李票丙页为旅客页。（　　）
22. 行李票乙页为上报页。（　　）
23. 行李票甲页为上报页。（　　）
24. 行李票乙页为运输报单。（　　）

二、选择题

1. 行李、包裹的装运顺序是（　　）。
   A. 始发行李、中转行李、中转包裹、始发包裹
   B. 始发行李、中转行李、始发包裹、中转包裹
   C. 中转行李、中转包裹、始发行李、始发包裹
   D. 中转行李、始发行李、中转包裹、始发包裹
2. 1609km 的行李运到期限为（　　）日。
   A. 3　　B. 4　　C. 5　　D. 6
3. 2801km 的包裹运到期限为（　　）日。
   A. 7　　B. 8　　C. 9　　D. 10
4. 行李、包裹超过规定的运到期限运到时，承运人应按（　　）向收货人支付违约金。
   A. 逾期日数　　B. 所收运费的百分比
   C. 运到期限及所收运费的百分比　　D. 逾期日数及所收运费的百分比
5. 因事故或不可抗力等原因而延长车票有效期的行李，应按客票延长期的日数延长行李（　　）。
   A. 保管日数　　B. 免费保管的日数
   C. 运到期限　　D. 装车日期
6. 车站装运行李、包裹时，对（　　）应优先安排装运。
   A. 重要文件
   B. 鲜、活包裹
   C. 尖端精密产品
   D. 抢险救灾物资、急救药品、零星支农物资
7. 行包组织工作应本着先行李后包裹，（　　）、先重点后一般和长短途列车分工的原则，有计划地组织运输。
   A. 先始发后中转　　B. 先中转后始发
   C. 有利于运输　　D. 方便旅客、货主

8. 行李、包裹的运到期限以（　　）里程计算。
A. 运输　　B. 运价　　C. 运送　　D. 运载

9. 运价里程为 504km 的行李运到期限为（　　）日。
A. 1　　B. 2　　C. 3　　D. 4

10. 运价里程为 300km 的包裹运到期限为（　　）日。
A. 1　　B. 2　　C. 3　　D. 4

11. 运价里程为 2605km 的行李运到期限为（　　）日。
A. 5　　B. 6　　C. 7　　D. 8

12. 运价里程为 2609km 的包裹运到期限为（　　）日。
A. 7　　B. 8　　C. 9　　D. 10

13. 1609km 的行李运到期限为（　　）日。
A. 3　　B. 4　　C. 5　　D. 6

14. 2801km 的包裹运到期限为（　　）日。
A. 7　　B. 8　　C. 9　　D. 10

15. 运价里程为 504km 的行李运到期限为（　　）日。
A. 1　　B. 2　　C. 3　　D. 4

16. 运价里程为 300km 的包裹运到期限为（　　）日。
A. 1　　B. 2　　C. 3　　D. 4

17. 运价里程为 2605km 的行李运到期限为（　　）日。
A. 5　　B. 6　　C. 7　　D. 8

18. 运价里程为 2609km 的包裹运到期限为（　　）日。
A. 7　　B. 8　　C. 9　　D. 10

三、名词解释

行李、包裹运到期限

四、问答题

行李、包裹的运到期限，如何计算。

单元3.4 行李、包裹的交付

一、判断题

1. 枪支弹药无法交付时，应及时交有关部门处理。（ ）
2. 机要文件无法交付时，应及时交有关部门处理。（ ）
3. 车站、经营人对无法交付物品，保管60日无人领取时，应进行公告。（ ）
4. 车站、经营人对无法交付物品，保管90日无人领取时，应进行公告。（ ）

二、选择题

1. 一名旅客托运两件重量分别为20kg、24kg的行李，于9月10日运到，9月13日提取，车站应核收（ ）元保管费。

A. 8 B. 6 C. 12 D. 4

2. 行李、包裹运输合同到（ ）止履行完毕。

A. 行李、包裹运至到站
B. 行李、包裹运至到站交付给收货人
C. 行李、包裹运至到站3日
D. 行李、包裹运至到站通知收货人领取

3. 凭有效领取凭证领收行包的人是（ ）。

A. 承运人 B. 托运人
C. 收货人 D. 发货人

4. 逾期到达的行李、包裹，铁路免费保管（ ）日。

A. 3 B. 5
C. 10 D. 15

5. 无法交付中的（ ），不用交有关部门处理。

A. 机要文件 B. 服装
C. 枪支 D. 尖端保密产品

6. 对凭印鉴和传真件领取的包裹，均不再给（ ）。

A. 报销凭证 B. 运输报单
C. 领取凭证 D. 传真件

7. 对丢失行李、包裹票的收货人提不出担保人时，可以出具押金自行担保，押金数额（ ）。

A. 由承运人自行确定 B. 应与行李、包裹价值相当
C. 高于行李、包裹价值 D. 可低于行李、包裹价值

8. 收货人领取行李、包裹时，若提出包装异状，车站应（ ）。

A. 检斤复磅 B. 检斤复磅，必要时可开包检查
C. 开包检查 D. 认真对待，查找原因

三、名词解释

无法交付物品

四、问答题

对于无法交付的物品，应如何处理？

单元3.5　行李、包裹违章运输的处理

一、判断题

1. 将国家禁止运输的物品伪报其他品名托运时，在中途站发现，停止运送，发电报通知发站转告托运人领取，运费不退，并对品名不符货件按实际运送区间另行补收四类包裹运费及按日核收保管费。（　　）

2. 将国家禁止运输的物品伪报其他品名托运时，在到站发现时，另行补收品名不符货件实际运送期间的四类包裹运费及按日核收保管费。（　　）

3. 行包运输中对伪报一般品名的，在发站重新办理手续，补收已收运费与正当运费的差额。（　　）

4. 行包运输中对伪报一般品名的，在到站加收应收运费与已收运费差额两倍的运费。（　　）

二、选择题

1. 在发站发现危险品伪报其他品名时，停止装运，通知托运人领取，（　　）。

A. 退还全部运费，按日核收保管费

B. 费用不退，也不补收

C. 运费不退，按日核收保管费

D. 按四类包裹补收运费

2. 在到站，发现国家禁止、限制运输的物品时，应（　　）。

A. 另行补收品名不符货件实际运送区间的四类包裹运费并按日核收保管费

B. 加倍补收已收运费与应收运费的差额

C. 加倍补收全程四类包裹运费

D. 补收已收运费与应收运费的差额

3. 包裹运输中，到站发现普通货物品名不符时，（　　）的运费。

A. 补收应收运费与已收运费差额

B. 加收应收运费与已收运费差额两倍

C. 加收运送区间四类包裹

D. 加收运送区间原品类包裹

4. 到站对列车移交的无票运输包裹，应（　　）。

A. 按实际运送区间加倍补收四类包裹运费

B. 按实际品类补收运费

C. 按实际运送区间补收四类包裹运费

D. 按实际品类加倍补收运费

三、名词解释

1. 品名不符

2. 重量不符

3. 无票运输

四、问答题

1. 行李、包裹违章运输的种类有哪些？

2. 包裹运输时发现品名不符，应如何处理？

3. 包裹运输时发现重量不符，应如何处理?

4. 对于包裹运输中无票运输，应如何处理?

五、综合题

2024年4月10日，在西安开往上海的T118次列车运行至郑州站前，发现托运人王东由西安发上海的一箱重50kg机器配件，票号E4325434，因包裹中夹带油漆外溢，将外包装污染，应如何处理?

单元3.6　高铁快运作业组织

一、判断题

1. 高铁快递运送可以由押运人员随车负责快运交接、作业联系、途中看护等事项。（　　）

2. 中铁快运公司是确认列车开展高铁快运业务的实施主体。（　　）

3. 委托车站办理后，中铁快运公司负责高铁快运的实名登记、收货验视，受托车站负责高铁快运的过机检查。（　　）

4. 委托车站办理后，中铁快运公司负责高铁快运货物的上站集结，提供装卸计划和信息支持，受托车站负责安排装卸组织、监装监卸、货物交接。（　　）

5. 客运段车队负责各班组高铁快运业务的管理。（　　）

6. 客运段乘务班组负责各班组高铁快运业务的管理。（　　）

二、选择题

1.（　　）负责各班组高铁快运业务的管理。

A. 客运段车队　　B. 客运段乘务班组

C. 客运段乘务科　　D. 中铁快运公司

2. 高铁快运使用专用箱、冷藏箱、集装袋等集装容器以集装件的形式在高铁车站间运输集装件应装载在列车指定位置，载客动车组列车可将集装件装载大件行李存放处、二等车厢最后一排座椅后空当处、集装件专用存放柜、动卧列车预留包厢等位置；一节车内大件行李存放处和最后一排座椅后空当处预留不少于（　　）的空间供旅客使用；集装件码放在车厢内最后一排座椅后的空当处时，不得影响座椅靠背后倾；需中途换向的列车，不使用最后一排座椅后的空当处。

A. 1/3　　B. 1/2　　C. 1/4　　D. 1/5

三、名词解释

高铁快运业务

四、问答题

试述高铁快运的应急处置。

项目4 特种运输

单元4.1 路内运输

一、判断题

1. 铁路乘车证分十一个票种三种颜色。（ ）
2. 年满50周岁的副处长可以使用软席乘车证。（ ）
3. 便乘证为浅蓝色。（ ）
4. 探亲证为浅蓝色。（ ）
5. 就医乘车证为浅黄色。（ ）
6. 通勤乘车证为浅蓝色。（ ）
7. 职工（含路外符合使用乘车证的人员）出差、驻勤、开会、调转、赴任、护送等，以本人开始乘坐本次列车开车时刻计算，从20:00至次日7:00之间，在车上过夜6小时（含6小时）或连续乘车超过12小时（含12小时）以上的，准予免费使用卧铺。（ ）
8. 持用铁路乘车证，均不能免费托运行李、搬家物品等。（ ）

二、选择题

1. 铁路乘车证的颜色有（ ）种。

   A. 3　　B. 9　　C. 10　　D. 8

2. 铁路乘车证共分（ ）票种。

   A. 9个　　B. 11个　　C. 10个　　D. 3个

3. 定期通勤乘车证，一个月只限使用（ ）次。

   A. 1　　B. 2　　C. 3　　D. 4

4. 机车乘务员应按预留铺位便乘，旅客列车（挂有国际联运车厢的列车除外）应预留（ ）个机车便乘铺。

   A. 1　　B. 2　　C. 3　　D. 4

5. 铁路衡器管理所检修人员，可凭书面证明免费托运（ ）。

   A. 行李　　B. 砝码和衡器配件

   C. 工作资料　　D. 有关物品

6. 铁路文工团托运的服装、道具、布景由车站装卸时，（ ）。

   A. 免收装卸费和搬运费　　B. 按规定核收装卸费

   C. 减半核收装卸费　　D. 减半核收搬运费

三、名词解释

路内运输

四、问答题

1. 铁路乘车证的种类及颜色规定是什么？

2. 铁路乘车证的使用范围是什么？

3. 铁路乘车证的使用有关规定是什么？

4. 铁路乘车证准乘列车的规定是什么？

5. 使用铁路乘车证乘车证明的规定是什么？

6. 使用铁路乘车证在乘车站使用签证及加剪规定是什么？

7. 使用铁路乘车证免费使用卧铺的规定是什么？

8. 违章使用乘车证的处理有哪些？

五、综合题

2024年7月1日，沈阳开往绥芬河的2727次列车（空调普快），到达哈尔滨站前验票发现一名旅客持借用他人的硬席临时定期乘车证（公YLb042017），有效期为2024年6月1日至2024年9月2日，有效区间为哈尔滨、齐齐哈尔，要求在哈尔滨下车，列车应如何处理？

单元4.2　军事旅客运输

一、判断题

1. 军运事故分三类。（　　）
2. 军运等级分为三个等级。（　　）
3. 我国铁路军事运输实行后付和现付两种付费方式。（　　）
4. 军运公务车按18人定员软座票价和高级包房的卧铺票价计算。（　　）

二、选择题

1. 军用卫生列车（包括伤员车、手术车、行李车、餐车、硬座车），每车按（　　）人（米轨按25人）定员的硬座票价计费。

A. 75　　B. 85　　C. 90　　D. 100

2. 每年（　　）为新老兵运输期间。

A. 11月下旬—12月下旬　　B. 11月上旬—12月下旬

C. 10月下旬—12月下旬　　D. 11月下旬—12月上旬

三、名称解释

军运事故

四、问答题

1. 新老兵运输的期限是什么？

2. 铁路军事运输的等级是什么？

3. 军运事故的等级有哪些？

单元 4.3　国际旅客联运

一、判断题

1. 我国铁路现有 30 个联运站。（　　）
2. 土库曼斯坦参加国际铁路联运。（　　）
3. 中国参加国际铁路联运。（　　）
4. 国际铁路联运分为旅客运输和货物运输。（　　）
5. 阿拉山口是铁路旅客联运站。（　　）
6. 秦皇岛是铁路旅客联运站。（　　）

二、选择题

1.（　　）是国际铁路联运站。

A. 北京　　B. 兰州　　C. 锦州　　D. 成都

2.(　　)是国境站。

A. 丹东　　B. 哈尔滨　　C. 武汉　　D. 沈阳

3.(　　)不是国境站。

A. 满洲里　　B. 绥芬河　　C. 河口　　D. 郑州

4.(　　)是中朝之间的朝铁国境站。

A. 新义州　　B. 扎门乌德　　C. 阿拉山口　　D. 后贝加尔

三、名词解释

1. 国际铁路旅客联运

2. 联运站

3. 国境站

四、问答题

1. 我国铁路现有的旅客联运站有哪些?

2. 参加《国际旅客联运协定》的国家有哪些?

项目5 运输事故的处理

单元 5.1 铁 路 电 报

一、判断题

1. 铁路电报按电报的性质和急缓程度分为 5 种。 （ ）
2. 感谢信可以拍发铁路电报。 （ ）
3. 公用乘车证丢失声明的电报不能拍发铁路电报。 （ ）
4. 吊唁的电报可以拍发铁路电报。 （ ）
5. 报捷可以拍发铁路电报。 （ ）

二、选择题

1.（ ）时，需要车站拍发电报。

A. 车站发现少收票款

B. 列车上发生旅客食物中毒

C. 列车超员

D. 列车发生爆炸

2. 可以拍发铁路电报的是（ ）。

A. 挑战书

B. 祝贺的电报

C. 推销产品

D. 人身伤亡事故

三、名词解释

1. 铁路电报

2. 主送单位

3. 抄送单位

四、问答题

1. 铁路电报的等级有哪些？

2. 使用铁路电报的注意事项有哪些？

3. 列车铁路电报的拍发范围是什么？

单元 5.2　线路中断的处理

一、判断题

1. 局管内时速 200～250km 的动车组列车一等座不得超员。（　　）
2. 局管内时速 200～250km 的动车组列车一等座可以超员 20%。（　　）
3. 车站发现无人护送的精神病患者，应严禁其乘车。（　　）
4. 时速 300km 及以上的客运专线动车组旅客列车不得超员。（　　）
5. 时速 200～250km 的直通动车组列车可以超员。（　　）

二、选择题

1. 时速（　　）km 及以上的客运专线动车组旅客列车不得超员。
   A. 300　　B. 200　　C. 250　　D. 160
2. 时速（　　）km 的直通动车组列车不得超员。
   A. 120～200　　B. 250～300　　C. 200～250　　D. 160～250

3. 铁路局管内 200～250km 的动车组列车一等座不得超员，二等座最高超员率为（　　）。

A. 20%　　B. 30%　　C. 10%　　D. 15%

三、问答题

1. 线路中断的原因有哪些？

2. 线路中断时，如何安排旅客？

单元 5.3　旅客人身伤害事故的处理

一、判断题

1. 由于车辆技术状态或设备不良，如煤箱盖、天棚盖、门窗锁失效等原因而发生旅客伤亡时属于车辆部门责任。（　　）

2. 因列车工作人员的过失造成旅客挤伤、烫伤的属于列车责任。（　　）

3. 重伤事故是指有重伤没有死亡的事故。（　　）

4. 轻伤事故是指只有轻伤没有重伤和死亡的事故。（　　）

5. 特别重大伤亡事故是指一次死亡 29 人以上的事故。（　　）

二、选择题

1. 事故案卷一案一卷，由事故处理站、段保管，案卷保存期为（　）年。

A. 5　　B. 3　　C. 2　　D. 1

2. 特大伤亡事故是指一次死亡（　）人的事故。

A. 3～9　　B. 10～29　　C. 1～2　　D. 10～20

三、名词解释

1. 旅客人身伤害事故

2. 旅客自身责任

3. 铁路运输企业责任

四、问答题

1. 旅客发生急病时如何处理？

2. 旅客发生死亡如何处理？

3. 旅客人身伤害事故的种类有哪些？

4. 旅客人身伤害事故的等级有哪些？

5. 事故速报内容包括哪些？

6. 有哪些情形，属于车站责任？

7. 有哪些情形，属于列车责任？

单元 5.4　行李包裹运输事故的处理

一、判断题

1. 由于承运的行李、包裹发生火灾、爆炸造成人员死亡或重伤达 3 人的属于重大事故。（　　）
2. 尖端保密物品灭失属于重大事故。（　　）
3. 放射性物品灭失属于重大事故。（　　）
4. 损失轻微其价值不超过 200 元（含 200 元）的属于事故苗子。（　　）
5. 损失轻微其价值不超过 100 元（含 100 元）的属于事故苗子。（　　）

二、选择题

1. 物品损失价值超过（　　）属于大事故。

A. 1 万元～3 万元　　B. 1 万元～2 万元

C. 1 万元～5 万元　　D. 1 万元～6 万元

2. 物品损失（包括其他直接损失）价值超过（　　）万元的属于重大事故。

A. 1　　B. 2

C. 3　　D. 5

三、名词解释

事故苗子

四、问答题

1. 行李包裹事故的种类有哪些？

2. 行李、包裹发生哪些情况时，应立案处理？

3. 因哪些原因造成的行李、包裹损失，承运人不承担责任？

项目6 旅客运输计划及组织

单元 6.1 旅客运输计划概述

一、判断题

1. 因故折返旅客列车原车次冠以“F”。（ ）
2. 回送图定客车底在车次前冠以“0”。（ ）
3. 直达特快旅客列车车次为 Z1～Z8998。（ ）
4. 特快旅客列车（跨局）车次为 T1～T9998。（ ）
5. 普通旅客列车管内的车次为 4001～5998。（ ）
6. 特快旅客列车（管内）车次为 T4001～9998。（ ）
7. 普通旅客列车（管内）车次为 2001～3998。（ ）
8. 回运系数 = 同一线路上客流较小方向的客流密度/同一线路上客流较大方向的客流密度。（ ）
9. 旅客运输计划是铁路运输计划的主要内容之一。（ ）
10. 旅客运输计划，根据执行期间的不同，可分为长远计划、年度计划、日常计划三种。（ ）
11. 旅客运输计划，按其组织形式可分为客流计划、技术计划、日常计划三种。（ ）
12. 直达特快旅客列车最高运行时速达 180km。（ ）
13. 动车组列车运行速度快捷，最高时速高达 200km。（ ）
14. 我国以向首都北京、支线向干线或指定方向为上行，车次编定为双数，反之为下行，车次编定为单数。（ ）
15. 动车组列车跨局车次范围 D1～D4998。（ ）
16. 跨局高速动车组旅客列车车次 G1～G4998。（ ）
17. 管内高速动车组旅客列车车次 G6001～G9998。（ ）
18. 旅客计划运输组织工作的目的是：充分发挥旅客运输能力的最佳效能，均衡地运送旅客。（ ）
19. 旅游列车的车次是 Y1～Y998。（ ）
20. 高速动车组旅客列车车次 G1～G7998。（ ）
21. 跨局城际动车组旅客列车 C1～C9998。（ ）

二、选择题

1. 旅客计划运输组织工作的目的是充分发挥旅客运输（　　）的最佳效能，均衡地运送旅客。

A. 潜力　　B. 能力　　C. 效益　　D. 优势

2. 旅客运输计划是旅客计划运输组织工作的（　　）。

A. 目的　　B. 核心　　C. 中心环节　　D. 前提

3. 1325/1326 次为（　　）。

A. 管内普通旅客快车　　B. 直通普通旅客快车

C. 跨三局及其以上普通旅客快车　　D. 北京局管内普通旅客快车

4. 管内普通旅客快车的车次范围是（　　）。

A. 1001～2998　　B. 2001～3998　　C. 4001～5998　　D. 1001～3998

5. 跨局快速旅客列车的车次范围是（　　）。

A. K1～K1298　　B. K1～K4998　　C. K1～K3998　　D. K1～K9998

6. 跨局普通旅客慢车的车次范围是（　　）。

A. 6001～6198　　B. 6001～6998　　C. 6001～7998　　D. 6001～8998

7.（　　）不属于客流的主要组成要素。

A. 流程　　B. 成分　　C. 流量　　D. 流向

三、名词解释

客流

四、问答题

1. 旅客运输计划的种类有哪些？

2. 客流的构成要素有哪些？

3. 客流的主要特点有哪些？

4. 旅客运输计划的特点有哪些？

单元 6.2　客 流 计 划

一、判断题

1. 客流调查分为综合调查、节假日调查和日常调查三种。（　　）
2. 综合调查一般每两年进行一次。（　　）
3. 综合调查一般每年进行一次。（　　）
4. 站别旅客发送统计表——客报 1。（　　）
5. 旅客运输量及人公里统计表——客报 2。（　　）
6. 分界站旅客输出、输入及通过人数统计表——客报 3。（　　）
7. 区段平均旅客密度统计表——客报 4。（　　）
8. 旅客运输距离统计表——客报 5。（　　）
9. 客流图分直通、管内两种。（　　）
10. 所谓客流月，就是国铁集团指定作为统计客流的某个月份，一般情况采用客运量需求较大的月份。（　　）
11. 所谓客流区段，是指客流到达区段，它不同于列车运行区段和机车牵区段，其长度按客流密度的变化情况而定。（　　）
12. 直通客流图是由一个铁路局所属各客流区段产生的客流，经过一个或几个铁路局间分界站到达他局客流区段的客流图解来表示。（　　）
13. 管内客流图是由一个铁路局管内各客流区段产生，在本铁路局管内各客流区段消失的客流图解来表示。（　　）
14. 客流调查是编制旅客运输计划的基础。（　　）

二、选择题

1. 民工流产生地的人口数量、乡镇企业剩余劳动力分布及数量是（　　）调查的主要内容。

A. 一般　　B. 日常
C. 综合　　D. 节假日

2. 客流调查形式以（　　）为主。

A. 节假日调查　　B. 日常调查　　C. 综合调查　　D. 吸引区调查

3. 旅客周转量是指一定时期内，（　　）所完成的旅客人公里数。

A. 车站或车务段　　B. 一个省（自治区）

C. 车站、铁路局或全路　　D. 铁路局或全路

4. 客流综合调查每（　　）进行一次。

A. 一季度　　B. 半年　　C. 两年　　D. 一年

三、名词解释

1. 直接吸引范围

2. 间接吸引区

3. 直通客流图

4. 管内客流图

5. 旅客发送人数

6. 旅客运送人数

7. 旅客周转量

8. 旅客平均运输距离

9. 旅客运输密度

四、问答题

1. 客运量预测有哪些方法?

2. 影响客流变化的主要因素有哪些?

3. 节假日调查主要针对哪些节日?

五、综合题

试画出 D 站的直接吸引范围。

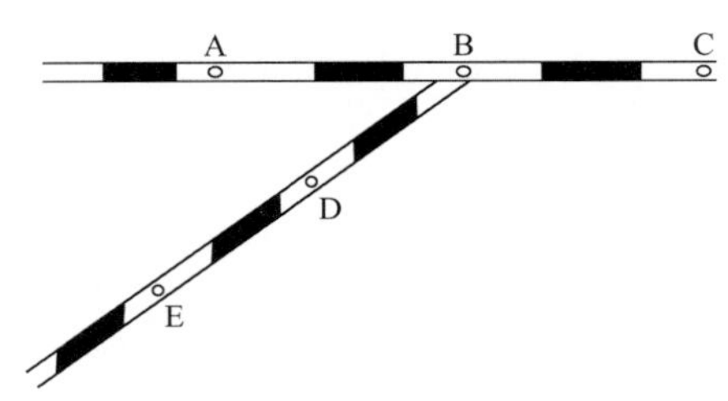

单元 6.3　技 术 计 划

一、判断题

1. 在牵引种类和机车功率一定的条件下，列车重量越大，运行速度越高。（　　）

2.“按流开车”是确定旅客列车运行区段和行车量的基本原则。（　　）

3. 到达终到站的最佳时刻是 7:00～14:00。（　　）

4. 旅客列车编组表的列车发到站、车次栏填写按照列车的发到站先填下行发站，后填下行到站，对改变运行方向的列车（即一对列车 4 个及以上车次时），先填担当铁路局始发站。（　　）

5. 旅客列车时刻表采用 24 小时制。（　　）

二、选择题

1. 为方便旅客和便于工作，凡北京站和上海站始发的各次特、直快列车车厢号均（　　）。

A. 无顺序安排要求　　B. 小号在前、大号在后

C. 大号在前、小号在后　　D. 由国铁集团

2. 非北京站和上海站到发的各次特、直快列车车厢顺序号，均以担当局始发站发车方向为准，（　　）。

A. 无顺序安排要求　　B. 小号在前、大号在后

C. 大号在前、小号在后　　D. 由有关局事先商定后报部

3. 单程运行时间 29 小时的列车，其合理开车范围是（　　）。

A. 7:00～19:00　　B. 7:00～18:00　　C. 7:00～20:00　　D. 7:00～17:00

三、名词解释

1. 车底周转时间

2. 运输能力

3. 列车对数

4. 列车公里

5. 旅客列车直通速度

6. 旅客列车技术速度

7. 直通速度系数

8. 列车车底日车公里

四、问答题

1. 写出合理开车范围的计算公式。

2. 写出客车运行方案图的编制原则。

3. 直通旅客列车开行条件有哪些？

4. 行车量不足一列尾数的处理方法是什么？

单元 6.4　票额分配方法

一、判断题

1. 列车硬座标记定员是各硬座车厢标记定员的总和。（　　）
2. 票额分配方案管内旅客列车由铁路局组织编制。（　　）
3. 票额分配在每次新运行图实行前编制一次。（　　）
4. 时速 300km 动车组列车可以超员 15%。（　　）
5. 时速 300km 动车组列车不可以超员。（　　）
6. 时速 200～250km 动车组列车商务座不可以超员。（　　）
7. 25T 型硬卧车不代座。（　　）
8. 25T 型硬卧车可以代座。（　　）
9. 普速列车 25G 型空调硬座每车厢载客不超过 180 人。（　　）

二、选择题

1. 日常计划是日常旅客运输计划的工作计划，根据年度计划任务，结合（　　）客流波动而编制。

A. 日常　　　　B. 客流旺季

C. 日常和节假日　　　　D. 客流高峰期

2. 不允许超员的是（　　）。

A. 时速 300km 动车组列车　　　　B. 时速 200km 动车组列车

C. 时速 250km 动车组列车　　　　D. 时速 160km 普速列车

3. 允许超员的是（　　）。

A. 时速 300km 动车组列车　　　　B. 时速 250km 动车组列车商务座

C. 时速 250km 动车组列车特等座　　　　D. 时速 160km 普速列车 25T 型

三、名词解释

1. 票额共用

2. 席位复用

四、问答题

票额分配依据是什么？

单元 6.5　铁路客运信息系统简介

一、判断题

1. 营销决策系统根据决策需要生成各种报表，主要有日常分析、专题分析和业务监控三大类。（　　）

2. 日常分析中包括站段分析、列车分析和线路分析三部分。（　　）

3. 站段分析以局集团公司、站段、车站为对象，为用户提供客运基本情况、运能运量、客流、客票销售的统计分析功能，帮助用户了解、掌握辖区的客运情况。（ ）

4. 站段分析只以站段为对象，为用户提供客运基本情况、运能运量、客流、客票销售的统计分析功能，帮助用户了解、掌握辖区的客运情况。（ ）

二、选择题

1. 线路分析以（ ）为对象，为用户提供客流分析功能，帮助用户了解和掌握线路、区段分界口的客流及能力利用情况。

A. 路网　B. 旅客列车　C. 线路　D. 站段

2. 客票系统由国铁集团、局集团公司、车站和（ ）四部分组成。

A. 互联网　B. 局域网　C. 车务段　D. 客运段

三、名词解释

旅客服务系统（简称“旅服系统”）

四、问答题

1. 站车交互系统的组成

2. 客管系统总体结构

项目7 客运站工作组织

单元 7.1 客运站的作业与主要设备

一、判断题

1. 最高聚集人数 10000 人以上的为特大型站房。 (　　)
2. 最高聚集人数 8000 人的为特大型站房。 (　　)
3. 最高聚集人数 400～2000 人的为中型站房。 (　　)
4. 最高聚集人数 400 人的为小型站房。 (　　)
5. 客车给水的上水胶管一般为 25 米长。 (　　)
6. 高速铁路车站主要采用立体跨线设备。 (　　)

二、选择题

1. 属于客运服务作业的是（　　）。
   A. 旅客进出站　　B. 车票发售
   C. 车底取送　　D. 行包承运
2. 属于技术作业的是（　　）。
   A. 旅客进出站　　B. 车票发售
   C. 车底取送　　D. 行包承运

三、名词解释

1. 旅客最高聚集人数

2. 客运站

四、问答题

1. 客运站的主要任务是什么？

2. 客运站的主要设备有哪些？

3. 简述站前广场的组成。

单元 7.2　客运站流线组织

一、判断题

1. 车站流线按流动方向不同，可分为进站和出站两大流线。（　　）

2. 车辆流线是指站前广场上的公共交通车辆流线，出租汽车、社会车辆、邮政、行包专用车辆流线及非机动车辆等流线。（　　）

3. 行包的运送应以速度在 140km/h 以内旅客列车运送。（　　）

4. 行包的运送应以速度在 120km/h 以内旅客列车运送。（　　）

二、选择题

1. 属于特殊旅客的是（　　）。

A. 老人　　B. 学生　　C. 干部　　D. 工人

2. 不属于特殊旅客的是（　　）。

A. 老人　　B. 残疾　　C. 母婴　　D. 学生

三、名词解释

流线

四、问答题

1. 流线组织原则是什么？

2. 流线疏解的基本方式是什么？

单元 7.3　售票工作组织

一、判断题

1. 铁路乘意险只需花 3 元钱即可获得保险期间内的人身意外保险保障。（　　）
2. 铁路乘意险未成年人只需花 1 元即可获得保险期间内的人身意外保险保障。（　　）
3. 铁路乘意险只需花 2 元钱即可获得保险期间内的人身意外保险保障。（　　）
4. 铁路乘意险成年人最高保障 30 万元意外身故、伤残保险金和 3 万元意外医疗费用。（　　）
5. 铁路乘意险未成年人最高保障 10 万元意外身故、伤残保险金和 1 万元意外医疗费。（　　）
6. 铁路乘意险成年人最高保障 20 万元意外身故、伤残保险金和 2 万元意外医疗费用。（　　）

二、选择题

1. 2011 年（　　）京津城际铁路开始实行网络售票。

   A. 6 月 12 日　　B. 6 月 13 日　　C. 6 月 14 日　　D. 6 月 15 日

2. 网络购票时，不属于乘车人的四种有效身份证件的是（　　）。

   A. 中华人民共和国居民身份证

   B. 港澳居民来往内地通行证

   C. 护照

   D. 军人证

3. 2011 年（　　）起所有列车开始实行网络售票。

   A. 12 月 24 日　　B. 12 月 25 日　　C. 6 月 12 日　　D. 12 月 23 日

三、名词解释

1. 铁路乘意险

2. 互联网售票

四、问答题

1. “六字”售票法是什么？

2. “五字”退票法是什么？

3. 售票处、售票窗口的设备和资料有哪些？

单元 7.4　客运站旅客服务工作组织

一、判断题

1. 中间站提前 10min 开始检票。（　　）
2. 中间站提前 20min 开始检票。（　　）
3. 始发站提前 40min 开始检票。（　　）
4. 始发站提前 30min 开始检票。（　　）
5. 列车晚点 10min 应播放致歉词。（　　）

6. 列车晚点 30min 应播放致歉词。（　　）

7. 迎送列车做到姿势端正，间距适当，足踏白线，目迎目送，从列车进入站台开始至开出站台为止。（　　）

二、选择题

1. 设备的使用、保管及日常数据的修改由车站负责，故障维修由（　　）负责。

A. 电务部门　B. 客运部门　C. 车站　D. 铁路局

2. 不属于客运自动化系统的是（　　）。

A. 到发通告系统　B. 客运广播系统　C. 电视监视系统　D. 应急系统

3. 始发站提前（　　）分钟开始检票。

A. 40　B. 20　C. 30　D. 25

三、名词解释

客运服务系统

四、问答题

1. 三要四心五主动指什么？

2. 三知三有指什么？

项目8 旅客列车乘务工作组织

单元 8.1 客运乘务工作组织

一、判断题

1. 旅客列车乘务组的乘务形式，根据列车种类和运行距离，分别采用包乘制和轮乘制。 （ ）

2. 包乘制是指按列车行驶区段和车次由固定的列车乘务组包乘。 （ ）

3. 旅客列车乘务组由客运人员、公安乘警和车辆乘务员组成。 （ ）

4. 动车组列车乘务组由六乘人员组成。 （ ）

二、选择题

1. 列车的乘务工作在（ ）统一领导下，充分发挥“三乘一体”的作用，分工负责，共同搞好乘务工作。

A. 站长 B. 段长 C. 车队长 D. 列车长

2. 下列不属于客运乘务人员的是（ ）。

A. 检车长 B. 列车行李员 C. 列车值班员 D. 列车长

三、名词解释

1. 包车底制

2. 包车次制

3. 轮乘制

四、问答题

1. 包车底制的优缺点有哪些？

2. 包车次制的优缺点有哪些？

3. 轮乘制的优缺点有哪些？

4. 旅客列车乘务组的组成及分工是什么？

5. 动车组旅客列车乘务组的组成及分工是什么？

6. 客运乘务员的主要工作有哪些？

7. 动车组司机的主要工作有哪些？

单元 8.2　乘务作业组织

一、判断题

1. 乘务作业组织主要包括始发作业组织、途中作业组织和折返终到作业组织。（　　）

2. 出乘前列车长要收缴列车员的烟火与手机。（　　）

3. 始发立岗列车长中部出场。（　　）

4. 始发立岗列车长尾部出场。（　　）

5. 退乘按规定路线集体列队行走，做到同出同归。（　　）

6. 退乘可以自由行走。（　　）

二、选择题

1. 不属于乘务作业组织的是（　　）。

A. 始发作业组织　　B. 途中作业组织

C. 折返终到作业组织　　D. 区间作业组织

2. 动车组列车长组织接车作业时，要列队整齐按规定线路行走始发前（　　）（站台交接时进站前 15min）到达站台指定地点接车。

A. 30min　　B. 20min　　C. 35min　　D. 40min

三、问答题

1. 普速列车长乘务作业组织有哪些作业？

2. 普速列车长乘务作业组织出乘准备有哪些项点？

3. 普速列车长乘务作业组织接车作业有哪些项点？

4. 普速列车长乘务作业组织始发准备有哪些项点？

5. 普速列车长乘务作业组织出场准备有哪些项点？

6. 普速列车长乘务作业组织始发立岗有哪些项点？

7. 普速列车长乘务作业组织开车作业有哪些项点？

8. 普速列车长乘务作业组织途中作业有哪些项点？

9. 普速列车长乘务作业组织站停作业有哪些项点？

10. 普速列车长乘务作业组织终到前作业有哪些项点？

11. 普速列车长乘务作业组织站台作业有哪些项点?

12. 普速列车长乘务作业组织折返站作业有哪些项点?

13. 普速列车长乘务作业组织退乘作业有哪些项点?

单元8.3　客运乘务安全工作

一、判断题

1. 乘务员出乘前必须充分休息，严禁在出乘前和工作中饮酒。（　　）
2. 列车途中临时停车时，旅客可以下车。（　　）
3. 乘务员出乘前，可以少量饮酒。（　　）
4. 车库内行走通过线路时，可以钻车底。（　　）
5. 干粉灭火器是列车上常用的灭火器。（　　）
6. 严禁在运行中的机车车辆前面抢越。（　　）
7. 通过线路时，严禁接打手机。（　　）
8. 在顺线路行走时，应走路肩。（　　）

二、选择题

1. 不属于灭火设施的是（　　）。
   A. 灭火机　　B. 灭火毯　　C. 消防锤　　D. 轴温报警器
2. 动车组防火隔断门最长阻燃时间为（　　）。
   A. 30min　　B. 20min　　C. 35min　　D. 15min

三、问答题

1. 紧急制动阀的位置在哪里?

2. 紧急制动阀的使用方法是什么？

3. 发现哪些危及行车和人身安全情形时，应使用紧急制动阀停车？

4. 哪些情况不能使用紧急制动阀？

5. 旅客列车安全设备有哪些？

6. 动车组安全设备有哪些？

单元 8.4　列车服务工作

一、判断题

1. 乘务员必须牢记“人民铁路为人民”的服务宗旨。（　）
2. 列车运行中，乘务员不可以陪同客人在餐车就餐。（　）
3. 列车晚点要及时通告，超过 30min 时，列车长要代表铁路通过广播向旅客致歉。（　）
4. 列车晚点要及时通告，超过 15min 时，列车长要代表铁路通过广播向旅客致歉。（　）
5. 列车运行中，乘务员可以陪同客人在餐车就餐。（　）
6. 列车员应退步出包房。（　）

二、选择题

1. 列车广播室的钥匙只能由（　　）保管。
   A. 广播员　　B. 列车长　　C. 警察　　D. 列车值班员
2. 列车晚点要及时通告，超过（　　）时，列车长要代表铁路通过广播向旅客致歉。
   A. 30min　　B. 20min　　C. 35min　　D. 15min

三、问答题

乘务员的仪容仪表要求有哪些？

PART TWO

|第二部分|

习题参考答案

项目1 发售车票

单元 1.1 铁路客运运价

一、判断题

1. （√）	2. （√）	3. （√）	4. （√）	5. （√）
6. （√）	7. （√）	8. （√）	9. （√）	10. （√）
11. （√）	12. （√）	13. （√）	14. （√）	15. （√）
16. （√）	17. （√）	18. （√）	19. （√）	20. （√）
21. （√）	22. （√）	23. （√）	24. （√）	25. （√）
26. （√）	27. （√）	28. （√）	29. （√）	30. （×）
31. （√）	32. （√）	33. （√）	34. （×）	35. （√）
36. （√）	37. （√）	38. （√）	39. （√）	40. （√）
41. （√）	42. （√）	43. （√）	44. （√）	45. （√）
46. （×）	47. （√）	48. （√）	49. （√）	50. （×）
51. （√）	52. （√）	53. （√）	54. （×）	55. （√）
56. （√）	57. （√）	58. （√）	59. （×）	60. （√）
61. （√）	62. （√）	63. （√）	64. （√）	65. （√）
66. （√）	67. （√）	68. （√）	69. （√）	70. （√）
71. （×）	72. （√）	73. （×）	74. （√）	75. （√）
76. （×）	77. （√）	78. （√）	79. （√）	80. （×）
81. （√）	82. （√）			

二、选择题

1. （C）	2. （B）	3. （B）	4. （C）	5. （B）
6. （A）	7. （B）	8. （C）	9. （B）	10. （B）
11. （A）	12. （D）	13. （D）	14. （B）	15. （D）
16. （C）	17. （A）	18. （A）	19. （D）	20. （C）
21. （D）	22. （A）	23. （B）	24. （B）	25. （C）
26. （B）	27. （B）	28. （A）	29. （D）	30. （D）
31. （C）	32. （B）	33. （C）	34. （B）	35. （B）
36. （A）	37. （C）	38. （C）	39. （A）	40. （C）

41.（ C ）	42.（ B ）	43.（ D ）	44.（ C ）	45.（ B ）
46.（ C ）	47.（ C ）	48.（ C ）	49.（ D ）	50.（ B ）
51.（ C ）	52.（ A ）	53.（ B ）	54.（ C ）	55.（ C ）
56.（ A ）	57.（ B ）	58.（ D ）	59.（ D ）	60.（ C ）
61.（ D ）	62.（ D ）	63.（ C ）	64.（ C ）	65.（ D ）
66.（ D ）	67.（ A ）	68.（ B ）	69.（ C ）	70.（ A ）
71.（ B ）	72.（ B ）	73.（ D ）	74.（ C ）	75.（ B ）
76.（ C ）	77.（ A ）	78.（ D ）	79.（ B ）	80.（ D ）
81.（ B ）	82.（ D ）	83.（ D ）	84.（ C ）	85.（ A ）
86.（ D ）	87.（ B ）	88.（ B ）	89.（ C ）	90.（ C ）
91.（ C ）	92.（ C ）	93.（ D ）	94.（ B ）	95.（ D ）
96.（ A ）	97.（ A ）	98.（ C ）	99.（ C ）	100.（ B ）
101.（ B ）	102.（ A ）	103.（ B ）	104.（ B ）	105.（ B ）
106.（ B ）	107.（ C ）	108.（ D ）	109.（ B ）	110.（ B ）
111.（ B ）				

三、名词解释

1. 接算站

所谓规定的接算站，就是为了将发站、到站间跨及两条以上不同的线路衔接起来，进行里程加总计算票价和运价所规定的接算衔接点。

2. 特定运价

特定运价是对一些特殊运输方式和特殊运价区段而特定的客运运价，包括以下两个方面：

（1）包车、租车、挂运、行驶等运价的计价规定；

（2）国家铁路、合资铁路、地方铁路及特殊运价区段间办理直通过轨运输的计价规定。

3. 包车

凡旅客要求单独使用加挂车辆（含普通客车、公务车）或加开专用列车（含豪华列车）时，均按包车办理。

4. 包车停留费

包车停留费是指包车或加开的专用列车，根据包车人提出的要求，在发站、中途站、折返站停留时（因换挂接续列车除外）所应付的费用。

5. 空驶费

空驶费是指包车人指定要在某日包用某种车辆，而乘车（装运）站没有所需车辆，须从外地（车辆所在站）向乘车（装运）站空送时，以及用完后回送至车辆原所在站时，所产生空驶应付的费用。

6. 过轨运输

过轨运输是指国家铁路、合资铁路、地方铁路及特殊运价区段间相互办理直通旅客、行包运输业务。

四、问答题

1. 旅客票价的构成要素是什么？

（1）基本票价率与票价比例关系；

（2）旅客票价里程区段；

（3）递远递减率。

2. 详细说明接算站的种类。

（1）大多数接算站是两条及以上线路相互衔接的接轨站；

（2）部分接算站是接轨站附近的城市所在站；

（3）个别接算站是在同一城市无线路衔接的车站作为零公里接算站（由于城市建设的关系，相互间未能铺轨连接），为了计算里程方便，特定该两站为同一接算的接算站。

3. 如何计算普通动车组软卧票价？

软卧上铺票价 = 0.3366 × (1 + 10%) × 1.6 × 运价里程

软卧下铺票价 = 0.3366 × (1 + 10%) × 1.8 × 运价里程

注：动车组软卧票价可按公布票价打折，但打折后不得低于相同运价里程的新空软卧票价。

4. 如何计算普通动车组高级软卧票价？

高级软卧上铺票价 = 0.3366 × (1 + 10%) × 3.2 × 运价里程

高级软卧下铺票价 = 0.3366 × (1 + 10%) × 3.6 × 运价里程

注：动车组软卧票价可按公布票价打折，但打折后不得低于相同运价里程的动车组软卧票价。

5. 如何计算动车组软卧儿童票价？

软卧儿童票价 = 动车组软卧公布票价 − 动车组一等座公布票价/2

注：运价里程不足400km时，公式中扣减的动车组一等座公布票价均按400km公布票价计算。

6. 如何计算动车组特等座、商务座公布票价？

特等座公布票价 = 0.2805 × (1 + 10%) × 1.8 × 运价里程

商务座公布票价 = 0.2805 × (1 + 10%) × 3 × 运价里程

7. 行包运价构成要素是什么？

（1）运价率及比例关系。

根据惯例及各交通部门通用的计价方法，每100kg · km行李运价率等于1人 · km的硬座基本票价，即行李运价率为硬座票价率的1%。

包裹运价率，以三类包裹运价率0.001518元/kg · km为基准，其他各类包裹运价率则按其加成或减成的比例确定。

（2）行包计价里程。

（3）递远递减率。

（4）计费重量。

五、综合题

1. 2024 年 11 月 25 日，一名成年旅客欲购买沈阳北站到绥中北站的 Z158 次硬座车票（新型空调车），请问如何发售？（经京哈线）

解：查找里程表、票价表。

沈阳北—绥中北　325km

硬座票价：30.50 元

快速票价：12.00 元

空调票价：8.00 元

合计：30.50 + 12.00 + 8.00 = 50.50（元）

2. 2024 年 11 月 25 日，一名成人旅客欲购买牡丹江至沈阳的 K940 次（新型空调车）硬卧下铺联合票，请问如何发售？（经哈尔滨站）

解：查找里程表、票价表

牡丹江—沈阳　904km

硬座票价：73.00 元

快速票价：28.00 元

空调票价：18.00 元

硬卧下铺票价：102.00 元

合计：73.00 + 28.00 + 18.00 + 102.00 = 221.00（元）

3. 2024 年 11 月 25 日，一名成人旅客欲购买满洲里至沈阳的 K2624 次（新型空调车）软卧下铺联合票，请问如何发售？（经哈尔滨站）

解：查找里程表、票价表。

满洲里—沈阳　1484km

软座票价：212.50 元

快速票价：42.00 元

空调票价：27.00 元

软卧下票价：216.00 元

合计：212.50 + 42.00 + 27.00 + 216.00 = 497.50（元）

4. 2024 年 11 月 25 日，一名成人旅客欲购买山海关至锦州的 T227 次（新型空调车）硬卧下铺联合票，请问如何发售？（经沈山线）

解：查找里程表、票价表。

山海关—锦州　184km（按起码里程 400km 计算卧铺票价）

硬座票价：17.50 元

快速票价：6.00 元

空调票价：5.00 元

硬卧下票价：54.00 元

合计：17.50 + 6.00 + 5.00 + 54.00 = 82.50（元）

单元1.2 客运杂费

一、判断题

1. （×） 2. （√） 3. （√） 4. （√） 5. （√）

二、选择题

1. （D） 2. （D）

三、名词解释

客运杂费

客运杂费是指在铁路运输过程中，除去旅客车票票价、行李包裹运价、特定运价以外，铁路运输企业向旅客、托运人、收货人提供的辅助作业、劳务及物耗等所收的费用。

四、问答题

1. 客运杂费的种类有哪些？

（1）付出劳务所核收的费用。

该费用包括搬运费、送票费、接取送达费、手续费、行李包裹变更手续费、查询费、装卸费等。

核收这类费用是当旅客或托运人、收货人提出要求，为其特殊服务时而收取。

（2）违反运输规定所核收的费用。

该费用包括各种无票乘车加收的票款及违章运输加倍补收的运费等。

为了维护站、车秩序，对无票乘车或者持失效车票乘车的人员，应根据铁路法及客运规章有关规定加收票款。

（3）使用有关单据及其他用品所核收的物耗费用。

该费用包括货签费、安全标志费、其他用品等。对这类费用，应本着为人民服务的宗旨，核收适当的费用。

（4）为加强资金与物资管理所核收的费用。

该费用包括迟交金、保价费、保管费等。这类费用是按照有关款额的百分比或保管的日数进行计算收取的。

2. 客运杂费的收费标准是什么？

客运杂费收费项目及收费标准

收费项目		计费条件	收费标准	备注
1	站台票	—	1元/张	
2	手续费	列车上补卧铺	5元/人次	同时发生按最高标准收一次手续费

续上表

收费项目		计费条件	收费标准	备注
2	手续费	其他	2元/人次	同时发生按最高标准收一次手续费
3	退票费	按每张车票面额计算	5%（以5角为单位，2.5角以下舍去、2.5角及以上进为5角）	最低按2元计收
4	送票费	送到集中送票点	3元/人次	
		送到旅客所在地	5元/人次	
5	标签费	货签费	0.25元/个	
		安全标志费	0.20元/个	
6	行李、包裹更手续费	装车前	5元/票次	
		装车后	10元/票次	
7	行李、包裹查询费	行李、包裹交付后，旅客或收货人还要求查询时	5元/票次	
8	行李、包裹装卸费	从行李房收货地点至装上行李车，或从行李车卸下至交付地点，各为一次装卸作业	2元/件次	超过每件规定重量的按其超重倍数增收
9	行李、包裹保管费	超过免费保管期限，每日核收	3元/件	超过每件规定重量的按其超重倍数增收
10	行李、包裹搬运费	从车站广场停车地点至行包房办理处或从行包交付处搬运至广场停车地点各为一次搬运作业；由汽车搬上、搬下时，每搬一次，另计一次搬运作业。	1元/件次	超过每件规定重量的按其超重倍数增收
11	行李、包裹接取送达费	接取、送达各为一次作业，每5公里（不足5公里按5公里计算）核收	5元/件次	超过每件规定重量的按其超重倍数增收
12	携带品暂存费	每日核收	3元/件	每件重量以20kg为限，超重时按其超重倍数增收
13	携带品搬运费	从广场停车地点搬运至站台或从站台搬运至广场停车地点各为一次搬运作业。由火车、汽车搬上、搬下时，每搬一次，另计一次搬运作业	2元/件次	每件重量以20kg为限，超重时按其超重倍数增收

单元1.3　车　　票

一、判断题

1. （√）　2. （√）　3. （×）　4. （√）　5. （√）

6. （√）　7. （√）　8. （√）　9. （√）　10. （√）
11. （√）

二、选择题

1. （ABCD）　2. （ABCD）

三、名词解释

旅客运输合同
铁路旅客运输合同是明确承运人与旅客之间权利及义务关系的协议。

四、问答题

1. 车票（特殊票种除外）主要信息应包含哪些内容？
车票票面（特殊票种除外）应当载明以下主要信息：
（1）发站和到站站名；
（2）车厢号、座位号、席别；
（3）票价；
（4）车次；
（5）乘车日期和开车时间；
（6）有效期；
（7）旅客身份证件信息。
2. 特种乘车证包括哪些？
（1）全国铁路通用乘车证。
（2）中央和各省（市）、自治区机要部门使用的软席乘车证（限乘指定的乘车位置）。
（3）邮政部门使用的机要通信人员免费乘车证，包括押运员、检查员（只限乘坐邮车及铁路指定的位置）。
（4）邮局押运人员免费乘车证（只限乘坐邮车及铁路指定的位置）。
（5）邮局视导员免费乘车证（只限乘坐邮车及铁路指定位置）。
（6）口岸站的海关、边防军、银行使用的往返免费乘车书面证明。
（7）我国铁路邀请的外国铁路代表团使用的中华人民共和国铁路免费乘车证。
（8）用于到外站装卸作业及抢险的调度命令。

单元1.4　车票的发售规定

一、判断题

1. （×）　2. （√）　3. （√）　4. （√）　5. （×）
6. （√）　7. （√）　8. （×）　9. （×）　10. （√）
11. （√）　12. （√）　13. （√）　14. （√）　15. （√）
16. （√）　17. （√）　18. （√）　19. （√）　20. （√）

21.（√）	22.（√）	23.（√）	24.（√）	25.（√）
26.（√）	27.（√）	28.（×）	29.（×）	30.（√）
31.（√）	32.（√）	33.（√）	34.（√）	35.（√）
36.（√）	37.（√）	38.（√）	39.（×）	40.（√）
41.（√）	42.（√）	43.（×）	44.（√）	45.（√）
46.（√）	47.（√）	48.（√）	49.（√）	50.（√）
51.（√）	52.（×）	53.（×）	54.（√）	55.（√）
56.（√）	57.（√）	58.（√）	59.（√）	60.（√）
61.（√）	62.（√）	63.（√）	64.（√）	65.（√）
66.（√）	67.（√）	68.（√）	69.（√）	70.（√）
71.（√）	72.（×）	73.（√）	74.（√）	75.（×）
76.（√）	77.（√）	78.（√）	79.（√）	80.（√）
81.（√）	82.（√）	83.（√）	84.（√）	85.（√）
86.（×）	87.（√）	88.（×）	89.（√）	90.（√）
91.（√）	92.（√）	93.（√）	94.（√）	95.（√）
96.（√）	97.（√）	98.（×）	99.（√）	100.（√）
101.（×）	102.（×）	103.（×）	104.（√）	

二、选择题

1.（B）	2.（B）	3.（A）	4.（B）	5.（D）
6.（A）	7.（D）	8.（A）	9.（B）	10.（A）
11.（A）	12.（C）	13.（B）	14.（B）	15.（C）
16.（A）	17.（A）	18.（A）	19.（C）	20.（C）

三、名称解释

团体旅客

凡20人及其以上乘车日期、车次、到站、座别相同的旅客可作为团体旅客。

四、问答题

1. 儿童优惠票发售的规定有哪些？

除需要乘坐旅客列车通勤上学的学生和铁路运输企业同意在旅途中监护的儿童外，未满14周岁的儿童应当随同成年人旅客旅行。

（1）随同成年人乘车的儿童，年满6周岁且未满14周岁的，应当购买儿童优惠票；年满14周岁的，应当购买全价票。每一名持票成人旅客可免费携带一名未满6周岁且不单独占用席位的儿童乘车，超过一名儿童时，超过人数应当购买儿童优惠票。儿童年龄按乘车日期计算。

（2）旅客携带免费乘车儿童时，应当在购票时向铁路运输企业提前申明，购票申明时使用的免费乘车儿童有效身份证件为其乘车凭证。

（3）免费乘车的儿童单独使用席位时，应购买儿童优惠票。

（4）儿童优惠票的乘车日期、车次及席别应与同行成年人所持车票相同，到站不得远于成年人车票的到站。

2. 伤残军人优待票的购买条件、购票凭证及减价票种分别是什么？

持中华人民共和国残疾军人证、中华人民共和国伤残人民警察证、国家综合性消防救援队伍残疾人员证的人员凭证可以购买优待票。

残疾军人票可享受客票和附加票的优惠。残疾军人票票价按相应客票和附加票票价的50%计算。

3. 团体旅客车票的发售规定有哪些？

（1）应优先安排，满20人时，给予免收一人优惠；20人以上，每增加10人，再免收1人，但春运期间（起止日期以春运文件为准）不予优惠。

（2）团体旅客票优惠时，团体旅客中有分别乘坐座、卧车或成人、儿童同一团体时，按其中票价高的免收。

用计算机售票的车站，在办理团体旅客票并实行一定优惠政策时，优惠票的票面打印“团优”字样，其余票的票面上打印“团”字样。如发售代用票时，除代用票持票本人外，每人另发一张团体旅客证。

4. 遇到什么情况需要填写代用票？

（1）计算机或移动售票机发生故障时；

（2）办理团体旅客乘车；

（3）包车；

（4）旅行变更；

（5）承运人误撕车票重新补办车票；

（6）误售、误购车票补收差价；

（7）旅客提前乘车时。

五、综合题

1. 2024年7月10日，一名学生持大连至沈阳的学生优待证，欲购买当日K629次（大连—哈尔滨，空调特快）大连至哈尔滨的硬座客特快学生票，请问大连站如何发售？

解：根据规定超过学生证记载区间乘车按一般旅客办理，分段计费。

大连—沈阳　397km

新空硬座半价：17.50元

新空特快半价：6.00元

新空空调半价：4.00元

沈阳—哈尔滨　549km

新空硬座全价：46.00元

新空特快全价：18.00元

新空空调全价：11.00元

新空客票合计：17.50＋46.00＝63.50（元）

新空特快合计：6.00 + 18.00 = 24.00（元）新空空调合计：4.00 + 11.00 = 15.00（元）

总计：63.50 + 24.00 + 15.00 = 102.50（元）

2. 一名成人旅客携带一名 2018 年 3 月 1 日出生的儿童，于 2024 年 3 月 30 日乘坐 K1302 次列车（新型空调车）由沈阳北至北京，（途中经沈山线、京哈线至北京），欲购买两张硬卧下铺，请问如何发售？

解：根据《中国国家铁路集团有限公司铁路旅客运输规程》第十五条规定：随同成年人乘车的儿童，年满 6 周岁且未满 14 周岁的，应当购买儿童优惠票。该儿童已满 6 周岁，应发售儿童票。

沈阳—北京　741km

成人票 1 张：新空硬座票价：63.00 元

新空快速票价：24.00 元

新空空调票价：15.00 元

新空硬卧下票价：88.00 元

合计：63.00 + 24.00 + 15.00 + 88.00 = 190.00（元）

儿童票 1 张：新空硬座半价：31.50 元

新空特快半价：12.00 元

新空空调半价：7.50 元

新空硬卧下票价：88.00 元

合计：31.50 + 12.00 + 7.50 + 88.00 = 139.00（元）

总计：190.00 + 139.00 = 329.00（元）

3. 一名成人旅客携带一名 2017 年 3 月 30 日出生的儿童，于 2024 年 3 月 30 日乘坐 K2048 次（新型空调车）沈阳北到绥中，途中经过沈阳北、辽阳、鞍山、海城、盘锦、沟帮子、锦州、葫芦岛、兴城、绥中，欲购买当日硬座票，请问如何发售车票？

解：根据《中国国家铁路集团有限公司铁路旅客运输规程》第十五条规定：随同成年人乘车的儿童，年满 6 周岁且未满 14 周岁的，应当购买儿童优惠票。该儿童已满 6 周岁，应发售儿童票。

沈阳北—绥中　419km

成人票 1 张：新空硬座票价：37.50 元

新空快速票价：16.00 元

新空空调票价：9.00 元

合计：37.50 + 16.00 + 9.00 = 62.50（元）

儿童票 1 张：新空硬座半价：19.00 元

新空特快半价：8.00 元

新空空调半价：4.50 元

合计：19.00 + 8.00 + 4.50 = 31.50（元）

总计：62.50 + 31.50 = 94.00（元）

4. 2020 年 3 月 30 日出生的一对双胞胎于 2023 年 3 月 30 日随母亲乘坐哈尔滨至沈阳的 T184 次列车（新型空调车）沿京哈线，欲购买软卧下铺两张，请问应如何售票？

解：根据《中国国家铁路集团有限公司铁路旅客运输规程》第十五条规定：随同成年

人乘车的儿童，年满 6 周岁且未满 14 周岁的，应当购买儿童优惠票。每一名持票成年人旅客可免费携带一名未满 6 周岁且不单独占用席位的儿童乘车，超过一名儿童时，超过人数应当购买儿童优惠票。儿童年龄按乘车日期计算。双胞胎虽然不满 6 周岁，但一名成人旅客只能免费携带一名。故发售一张成人票、一张儿童票。

哈尔滨—沈阳　549km

成人票 1 张：新空软座票价：89.00 元

新空快速票价：18.00 元

新空空调票价：11.00 元

新空软卧下票价：96.00 元

合计：89.00 + 18.00 + 11.00 + 96.00 = 214.00（元）

儿童票 1 张：新空软座半价：44.50 元

新空特快半价：9.00 元

新空空调半价：5.50 元

新空软卧下票价：96.00 元

合计：44.50 + 9.00 + 5.50 + 96.00 = 155.00（元）

总计：214.00 + 155.00 = 369.00（元）

5. 一名成人旅客携带一名 2010 年 3 月 30 日出生的儿童，于 2024 年 3 月 30 日乘坐 K940 次（新型空调车）由牡丹江到沈阳，欲购买硬卧下铺，请问如何发售车票？如果该儿童是 2010 年 3 月 30 日出生，于 2024 年 3 月 29 日乘坐 K940 次，欲购买硬卧下铺，请问如何发售车票？

解：根据《中国国家铁路集团有限公司铁路旅客运输规程》第十五条规定：随同成年人乘车的儿童，年满 6 周岁且未满 14 周岁的，应当购买儿童优惠票。该儿童已满 6 周岁，应购买儿童票。每一名持票成年人旅客可免费携带一名未满 6 周岁且不单独占用席位的儿童乘车，超过一名儿童时，超过人数应当购买儿童优惠票。儿童年龄按乘车日期计算。

第一种情况发售两张全价票，第二种情况发售一张成人票、一张儿童票。

（1）牡丹江—沈阳　904km

成人票 1 张：新空硬座票价：73.00 元

新空快速票价：28.00 元

新空空调票价：18.00 元

新空硬卧下票价：102.00 元

合计：73.00 + 28.00 + 18.00 + 102.00 = 221.00（元）

全价票 2 张　总计：221.00 × 2 = 442.00（元）

（2）成人票 1 张：新空硬座票价：73.00 元

新空快速票价：28.00 元

新空空调票价：18.00 元

新空硬卧下票价：102.00 元

合计：73.00 + 28.00 + 18.00 + 102.00 = 221.00（元）

儿童票 1 张：新空硬座半价：36.50 元

新空特快半价：14.00 元

新空空调半价：9.00 元

新空硬卧下票价：102.00 元

合计：36.50 + 14.00 + 9.00 + 102.00 = 161.50（元）

总计：221.00 + 161.50 = 382.50（元）

6. 一名 2010 年 3 月 30 日出生的儿童，同一成人旅客共同携带两名 2021 年 3 月 30 日出生的一对双胞胎，由哈尔滨至新民乘坐 K1394 次（新型空调车）硬卧下铺 2 张，于 2024 年 3 月 30 日乘坐，请问应如何发售车票？

解：根据《中国国家铁路集团有限公司铁路旅客运输规程》第十五条规定：随同成年人乘车的儿童，年满 6 周岁且未满 14 周岁的，应当购买儿童优惠票。该儿童已满 6 周岁，应购买儿童票。每一名持票成年人旅客可免费携带一名未满 6 周岁且不单独占用席位的儿童乘车，超过一名儿童时，超过人数应当购买儿童优惠票。儿童年龄按乘车日期计算。

2010 年 3 月 30 日出生的儿童已满 14 周岁，应买全价票，但不能免费携带一名未满 6 周岁且不单独占用席位的儿童乘车。故应买成人票两张硬卧下铺和一张硬座儿童票。

哈尔滨—新民　614km

全价票 1 张：新空硬座票价：52.00 元

新空快速票价：22.00 元

新空空调票价：12.00 元

新空硬卧下票价：75.00 元

合计：52.00 + 22.00 + 12.00 + 75.00 = 161.00（元）

全价票 2 张　总计：161.00 × 2 = 322.00（元）

儿童票 1 张：新空硬座票价：26.00 元

新空快速票价：11.00 元

新空空调票价：6.00 元

合计：26.00 + 11.00 + 6.00 = 43.00（元）

总计：322.00 + 43.00 = 365.00（元）

7. 2024 年 3 月 30 日，一名成人旅客携带五名儿童，其中两名儿童于 2021 年 1 月 1 日出生，三名儿童于 2016 年 1 月 1 日出生，欲购买当日锦州至沈阳的 K341 次（新型空调车）硬座车票，请问应如何发售车票？

解：根据《中国国家铁路集团有限公司铁路旅客运输规程》第十五条规定：随同成年人乘车的儿童，年满 6 周岁且未满 14 周岁的应当购买儿童优惠票。每一名持票成年人旅客可免费携带一名未满 6 周岁且不单独占用席位的儿童乘车，超过一名儿童时，超过人数应当购买儿童优惠票。儿童年龄按乘车日期计算。

2021 年 1 月 1 日出生的儿童不满 6 周岁，一名成人旅客可以免费携带一名未满 6 周岁且不单独占用席位的儿童乘车；另一名购买儿童票。2016 年 1 月 1 日出生的儿童，已满 6 周岁不满 14 周岁，应买儿童票，故应发售成人硬座票 1 张和 4 张硬座儿童票。

锦州—沈阳　242km

全价票 1 张：新空硬座票价：24.50 元

新空快速票价：10.00 元

新空空调票价：6.00 元

合计：24.50 + 10.00 + 6.00 = 40.50（元）

儿童票 1 张：新空硬座票价：12.50 元

新空快速票价：5.00 元

新空空调票价：3.00 元

合计：12.50 + 5.00 + 3.00 = 20.50（元）

4 张儿童票合计：20.50 × 4 = 82.00（元）

总计：40.50 + 82.00 = 122.50（元）

8. 2024 年 7 月 2 日，徐州站一名旅客持本人“中华人民共和国革命伤残军人证中华人民共和国伤残军人证”要求欲购买一张 Z165 次（上海—拉萨，新型空调）徐州至兰州的软座客快速卧（下）一张，一张，请问徐州站应如何发售？

解：持中华人民共和国残疾军人证的人员凭证可以购买优待票。全部票价半价。

徐州站—兰州　1536km

新空软座半价票价：109.50 元

新空快速半价票价：21.00 元

新空空调半价票价：13.50 元

新空软卧下半价票价：111.00 元

合计：109.50 + 21.00 + 13.50 = 255.00（元）

9. 2024 年 7 月 2 日，一名旅客在石家庄站购买 K233 次（石家庄—上海，空调快速）列车到上海站硬座客快速卧（下）票价，携带一名 7 周岁儿童共用一张卧铺，请问石家庄站如何处理?

解：石家庄站发售成人硬卧下 1 张、儿童硬座 1 张。

石家庄—上海　1410km

新空硬座票价：105.50 元

新空快速票价：42.00 元

新空空调票价：26.00 元

新空软卧（下）票价：144.00 元

合计：105.50 + 42.00 + 26.00 = 317.50（元）

新空半价硬座票价：53.00 元

新空半价快速票价：21.00 元

新空半价空调票价：13.00 元

合计：53.00 + 21.00 + 13.00 = 87.00（元）

总计：合计：317.50 + 87.00 = 404.50（元）

单元 1.5　退　　票

一、判断题

1. （ √ ）　2. （ √ ）　3. （ √ ）　4. （ √ ）　5. （ √ ）

6. （ √ ） 7. （ √ ） 8. （ √ ） 9. （ √ ） 10. （ √ ）
11. （ √ ） 12. （ √ ） 13. （ √ ） 14. （ √ ） 15. （ √ ）
16. （ √ ） 17. （ × ）

二、选择题

1. （ A ） 2. （ A ） 3. （ A ）

三、问答题

1. 哪些情况不办理退票？

（1）车票发站开车后；

（2）开车后改签的车票；

（3）加收的票款；

（4）车补车票（因未通过或未办理学生资质核验和丢失购票时使用的有效身份证件，而办理的补票除外）。

2. 退票费应如何收取？

在开车时间前 8d（含）以上退票的，不收取退票费；在票面乘车站开车时间前 48h 以上退票的，按票价 5%计；在开车时间前 24h 以上、不足 48h 退票的，按票价 10%计；在开车时间前不足 24h 退票的，按票价 20%计。距票面乘车站开车前不足 8d 的车票，改签至开车前 8d 以上的列车，又在距开车前 8d 以上退票的，核收 5%的退票费。办理车票改签或“变更到站”时，新车票票价低于原车票的，退还差额，对差额部分核收退票费并执行现行退票费标准。开车后办理车票改签产生票价差额需退还时，按开车前不足 24h 标准对票价差额部分核收退票费。

上述计算的尾数以 5 角为单位，尾数小于 2.5 角的舍去，2.5 角（含）以上且小于 7.5 角的计为 5 角，7.5 角（含）以上的计为 1 元。退票费最低按 2 元计收。

3. 旅客在旅行途中因伤、病不能继续旅行时，应如何退票？

旅客旅行途中因伤、病不能继续旅行时，经站、车核实，可在下车后 30 日以内到下车站办理退票，退还已收票价与已乘区间票价差额，核收退票费；同行人同样办理。

4. 因铁路运输企业责任或自然灾害等其他不能正常运输情形导致旅客退票时，应如何办理？

因铁路运输企业责任或自然灾害等其他不能正常运输情形导致旅客退票时，按下列规定办理，不收退票费：

（1）在车票发站，退还全部票款；

（2）在中途站，退还未乘区间票款；

（3）在到站，退还车票未使用部分票款；

（4）列车因空调设备故障在运行过程中不能修复时，应退还未使用区间的空调费用。

四、综合题

1. 2024 年 7 月 2 日，在 T113 次（杭州—兰州，空调特快），郑州到站时列车交下一名急病旅客，需住院治疗。该旅客持该次列车徐州至兰州的空调硬座客特快卧（下）车票办理退票手续，请问郑州站应如何处理?

解：旅客开始旅行后不能退票。但旅客旅行途中因伤、病不能继续旅行时，经站、车核实，可在下车后30日内到下车站办理退票，退还已收票价与已乘区间票价差额。核收退票费，同行人同样办理。

徐州—兰州　1536km

已收票价　新空硬座客特快卧（下）票价：331.50元

徐州—郑州　349km

应收票价　新空客特快票价：51.50元

新空卧铺票价：54.00元

合计：105.50元

退差价：331.50 − 105.50 = 226.00（元）

退票费：226.00 × 20% = 45.00（元）

净退：226.00 − 45.00 = 181.00（元）

2. 2024年7月2日，在T113次（杭州—兰州，空调特快），郑州到站后一名旅客持列车长编制的 15 号硬卧车厢因燃轴甩下的客运记录和该次列车徐州至兰州的空调硬座客特快卧（下）车票要求办理退票手续，请问郑州站应如何处理?

解：由于铁路责任在中途站中止旅行，退还未乘区间票款，不收退票费。

未乘区间：郑州—兰州　1187km

新空硬座票价：89.50元

新空快速票价：36.00元

新空空调票价：23.00元

新空硬卧下票价：124.00元

净退：89.50 + 36.00 + 23.00 + 124.00 = 272.50（元）

3. 2024年7月2日，在T113次（杭州—兰州，空调特快），到达兰州站后，一名旅客持列车长编制的空调在郑州开车后故障的客运记录和徐州至兰州的硬座空调客特快卧(下)车票，要求退还空调票，请问应如何处理?

解：列车因空调设备故障在运行过程中不能修复时，应退还未使用区间的空调费用。不收退票费。

未区使用区间　郑州—兰州　1187km

新空空调票价：23.00元

净退：23.00元

项目2 旅客运输

单元2.1 客运记录

一、判断题

1.（√） 2.（√） 3.（√） 4.（√） 5.（√）
6.（√） 7.（√）

二、选择题

1.（A） 2.（A）

三、名词解释

客运记录

客运记录是指在旅客或行李、包裹运输过程中因特殊情况，承运人与旅客、托运人、收货人之间需记载某种事项或车站与列车之间办理业务交接的文字凭证。

四、问答题

1. 列车编写客运记录的范围有哪些？

（1）卧铺发售重号，列车应尽量安排同等席别的其他铺位；没有空位时，应编制客运记录交旅客，由到站退还卧铺票价，不收退票费。

（2）因承运人责任使旅客不能按票面记载的日期、车次、座别、铺别乘车时，站、车应重新妥善安排。重新安排的列车、座席、铺位低于原票等级时，应退还票价差额，不收退票费。在列车上发生时，应编制客运记录。

（3）发生车票误售、误购，应退还票价时，站、车应编制客运记录交旅客，作为乘车至正当到站要求退还票价差额的凭证。

（4）旅客误乘列车或坐过了站，列车交前方停车站免费送回时。

（5）旅客丢失车票，另行购票或补票后又找到原票时，列车长应编制客运记录交旅客，作为在到站出站前向到站要求退还后补票价的依据。

（6）对无票乘车而又拒绝补票的人，列车长可责令其下车并编制客运记录交县、市所在地车站或三等以上车站处理（其到站近于上述到站时应交到站处理）时。

（7）在列车上，旅客因病不能继续旅行时，列车长应编制客运记录交中途有医疗条件的车站转送医院治疗时。

（8）因铁路责任，致使旅客在中途站办理退票，退还票价差额时。

（9）发现旅客携带国家禁止或限制运输的物品、危险品乘车，移交最近前方停车站或有关车站处理时。

（10）旅客携带品超过规定范围（危险品除外），无钱或拒绝补交运费，移交旅客到站或换车站处理时。

（11）向查找站或列车终到站转送旅客遗失品，与车站办理遗失物品交接手续时。

（12）旅客在列车内发生因病死亡，移交县、市所在地或较大车站处理时。

（13）在列车内发现无人护送的精神病患者，移交到站或换车站时。

（14）因意外伤害（包括区间坠车），导致旅客伤亡，移交有关车站处理时。

（15）发现违章使用铁路职工乘车证，上报路局收入部门处理时。

（16）列车接到行、包托运人要求在发站取消托运，将行、包运回发站时。

（17）列车接到发站行李、包裹变更运输（包括行李误运）电报时，应编制客运记录，连同行李、包裹和运输报单，交前方营业站或运至新到站（需中转时，移交前方中转站继续运送）。旅客在列车上要求变更时，同样办理。

（18）列车上发现装载的行李、包裹品名不符，或实际重量与票面记载的重量不符，移交到站或前方停车站处理时。

（19）列车对已装运的无票运输行李、包裹，应编制客运记录，交到站处理时。

（20）列车内发现旅客因误购、误售车票而误运行李时，如其托运的行李在本列车装运，应编制客运记录，交前方营业站或中转站向正当到站转运时。

（21）行李、包裹在运输途中发生事故，移交到站处理时。

（22）其他应与车站办理的交接事项。

2. 车站编写客运记录的范围有哪些？

（1）发生误售、误购车票，在中途站、原票到站应退还票价时；

（2）将旅客遗失物品向查找站转送时；

（3）旅客在车站发生意外伤害，需送医院抢救时；

（4）车站向铁路局收入部门寄送因违章乘车所查扣的铁路乘车票证时；

（5）行李、包裹票、货分离，需补送行李、包裹或票据时；

（6）行李、包裹票货分离，部分按时到达交付，部分逾期时；

（7）行李、包裹装运后，旅客或托运人要求运回发站取消托运时；

（8）行包所在站接到行包变更运输的电报时；

（9）车站发现伪报品名的行李、包裹损坏其他行李、包裹时；

（10）在中途站、原票到站处理因误售、误购车票而误运的行李时；

（11）线路中断，列车停止运行后，鲜活包裹在途中被阻，托运人要求被阻站处理时；

（12）在发站或中途站，行李、包裹发生事故或需要说明物品现状时；

（13）行李未到，办理转运手续后，逾期到达时。

单元 2.2　旅客乘车条件

一、判断题

1.（√）　2.（√）　3.（√）　4.（√）　5.（√）

6. （ √ ） 7. （ √ ） 8. （ √ ） 9. （ √ ） 10. （ × ）
11. （ √ ） 12. （ √ ） 13. （ √ ） 14. （ × ） 15. （ √ ）
16. （ √ ） 17. （ × ） 18. （ √ ） 19. （ √ ） 20. （ √ ）
21. （ √ ） 22. （ √ ） 23. （ √ ） 24. （ √ ）

二、选择题

1. （ A ） 2. （ A ） 3. （ D ） 4. （ B ） 5. （ D ）
6. （ A ）

三、名词解释

越站

是指旅客原票即将到站，由于旅行计划的变更，要求超越原票到站至新到站的乘车。

四、问答题

1. 对哪些旅客，站、车可拒绝其进站、上车或责令其下车？

对下列旅客，站、车均可拒绝其进站、上车或责令其下车；对责令其下车的，其未使用至到站的票款不予退还，运输合同即行终止。

（1）有《中国国家铁路集团有限公司铁路旅客运输规程》第四十一条规定的情况之一，拒不支付应补票款和加收票款的；

（2）不接受安全检查的，坚持携带或者夹带禁止、限制物品的；

（3）不接受车票实名制查验的；

（4）在站、车内寻衅滋事、扰乱公共秩序，患有烈性传染病、严重精神障碍和醉酒等有可能危及列车安全或者其他旅客以及铁路站、车工作人员人身安全的；

（5）告知列车无运输能力后，无票继续越站乘车的；

（6）国家规定的其他情况。

2. 车票改签是如何规定的？

旅客可办理一次改签，在铁路运输企业有运输能力的前提下，按下列规定办理：

（1）开车前48h以上，可免费改签预售期内的列车。

（2）开车前不足48h，可免费改签车票载明的乘车日期以前的列车。

（3）开车前不足48h，可改签车票载明的乘车日期之后预售期内列车，核收改签费。

（4）开车后，在当日24时之前，可免费改签当日其他列车。

（5）开车后，在当日24时之前，可改签车票载明的乘车日期之后预售期内列车，核收改签费。

（6）办理变更到站的改签时，应在开车前48h以上，原车票已托运行李的，还应办理行李变更或取消业务。

3. 有哪些行为时，铁路运输企业应按规定补票，并加收已乘区间应补票价50%的票款？

有下列行为时，铁路运输企业应按规定补票，并加收已乘区间应补票价50%的票款：

（1）无票乘车且未主动补票时，补收自乘车站（不能判明时自始发站）起至到站止的车票票款，持失效车票乘车或在车票到站后不下车继续乘车的，按无票处理；

（2）持用变造、伪造或涂改的乘车凭证乘车时，除按无票处理外并送交公安部门处理；

（3）票、证、人不一致的，按无票处理；

（4）持用低票价席别车票乘坐高票价席别时，补收所乘区间的票价差额；

（5）旅客持优惠票、优待票，没有规定的减价凭证或不符合减价条件时，按照全价票价补收票价差额。

4. 有哪些行为时，铁路运输企业应按规定补票？

有下列情况时，应当补收票款：

（1）应购买儿童优惠票而未买票的儿童，补收儿童优惠票票款；

（2）应购买全价票而购买儿童优惠票乘车的未成年人，应补收儿童优惠票票价与全价票价的差额；

（3）主动补票或者经站、车同意上车补票的。

5. 在什么情况下可以办理越站？

旅客要求越过车票到站继续乘车时，须在原车票到站前提出，在有运输能力的情况下列车可予以办理，核收越站区间的票款。无运输能力时，列车有权拒绝旅客补票和继续乘车。

6. 如何处理因铁路运输企业责任发生的变更？

因铁路运输企业责任使旅客不能按车票载明的日期、时间、车次、车厢号、席位号、席别乘车时，站、车应妥善安排，重新安排的席位票价高于原票价时，超过部分不予补收；低于原票价时，应当退还票价差额，不收退票费。

五、综合题

1. 2024 年 7 月 2 日，K367 次（汉口—大连，经由沟海线）新型空调列车的列车乘务员在锦州到站前验票发现一名旅客持山海关至大连 K367 次硬座客快速车票乘坐硬卧下铺，请问列车长应如何处理？

解：按《中国国家铁路集团有限公司铁路旅客运输规程》第四十一条，持用低票价席别车票乘坐高票价席别时，补收所乘区间的票价差额，并加收已乘区间应补票价 50%票款。

山海关—锦州　184km

新空硬卧下票价：54.00 元

50%票款：$54.00\times50\%=27.00$（元）

合计：$54.00+27.00=81.00$（元）

2. 2024 年 7 月 2 日，上海开往乌鲁木齐的 Z41 次新型空调特快旅客列车的列车乘务员在西宁到站验票时发现一名旅客持当日郑州到兰州的学生优惠票，但没有规定的减价凭证，请问西宁站应如何处理？

解：（1）处理依据：根据《中国国家铁路集团有限公司铁路旅客运输规程》第四十一条，该旅客郑州—兰州间没有规定的减价凭证按照全价票补收票价差额，补收票价差额；兰州—西宁间无票乘车，补收票款。出站发现，为有意逃避支付票款，应补票价 50%票款。

（2）费用计算

郑州—兰州　1187km

已收学生优惠票：半价新空硬座票价：45.00 元

半价新空快速票价：18.00 元

半价新空空调票价：11.50 元

合计：45.00 + 18.00 + 11.50 = 74.50（元）

应收票价：新空硬座票价：89.50 元

新空快速票价：36.00 元

新空空调票价：23.00 元

合计：89.50 + 36.00 + 23.00 = 148.50（元）

补收票价差额：148.50 − 74.50 = 74.00（元）

兰州—西宁　216km

新空硬座票价：21.50 元

新空快速票价：6.00 元

新空空调票价：5.00 元

合计：21.50 + 6.00 + 5.00 = 32.50（元）

补收合计：74.50 + 32.50 = 107.00（元）

加收 50%：107.00 × 50% = 53.50（元）

应收合计：107.00 + 53.50 = 160.50（元）

3. 2024 年 7 月 2 日，K2624 次新型空调旅客列车（满洲里—大连）长春站开车后，一名旅客持当日满洲里至沈阳北本次列车的硬座客快车票，要求自长春开始使用软卧下铺并越站至大连。列车长同意办理，请问应如何办理？

解：办理方法：越站同时变座补卧时，先越站后变座再补卧。

计算票价如下：

（1）越站区间：沈阳北—大连　400km

新空硬座票价：34.50 元

新空快速票价：12.00 元

新空空调票价：8.00 元

合计：34.50 + 12.00 + 8.00 = 54.50（元）

（2）变座区间：长春—大连　700km

新空软座票价：110.00 元

新空硬座票价：57.00 元

补收软硬座票价差：53.00 元

新空软卧（下）票价：117.00 元

合计：53.00 + 117.00 = 170.00（元）总计：54.50 + 170.00 = 224.50（元）

4. 2024 年 7 月 2 日，K157 次（北京西—湛江，空调快速）株洲站开车后，一名伤残军人持本人“中华人民共和国残疾军人证”要求补一张软座客快速卧（下）至湛江，列车有空余卧铺，请问应如何处理？

解：株洲—湛江 1125km

新空软座半价票价：85.00 元

新空快速半价票价：17.00 元

新空空调半价票价：10.50 元

新空软卧（下）半价票价：87.00 元

合计：199.50 元

5. 2024 年 7 月 2 日，临沂—牡丹江 K4451 次列车（新型空调）到达海林后，车站工作人员在售票时发现一名旅客持他人身份证购买的车票，请问车站如何处理？

解：根据《中国国家铁路集团有限公司铁路旅客运输规程》第四十一条：票证人不一致，按无票处理并加收已乘区间 50%的票款。

哈尔滨—海林 333km

新空硬座票价：30.50 元

新空快速票价：12.00 元

新空空调票价：8.00 元

合计：30.50 + 12.00 + 8.00 = 50.50（元）

加收票价：50.50 × 50% = 25.50（元）

总计：50.50 + 25.50 = 76.00（元）

单元 2.3 旅客携带品

一、判断题

1. （√） 2. （×） 3. （×） 4. （√） 5. （√）
6. （√） 7. （×） 8. （√） 9. （×） 10. （√）
11. （×） 12. （√） 13. （√） 14. （√） 15. （×）
16. （×） 17. （√） 18. （√） 19. （×） 20. （√）
21. （√） 22. （√） 23. （√） 24. （√） 25. （√）
26. （×） 27. （√） 28. （√） 29. （√） 30. （√）
31. （√） 32. （√） 33. （×） 34. （√） 35. （×）
36. （√） 37. （√） 38. （√） 39. （√） 40. （√）
41. （√） 42. （√） 43. （√） 44. （×） 45. （√）
46. （√） 47. （×）

二、选择题

1. （A） 2. （C） 3. （B） 4. （C） 5. （C）
6. （D） 7. （D） 8. （A） 9. （A） 10. （B）
11. （B） 12. （A） 13. （C） 14. （C） 15. （B）
16. （D） 17. （D） 18. （B） 19. （A） 20. （D）
21. （C） 22. （A） 23. （C） 24. （A） 25. （A）

26.（ D ）　27.（ D ）　28.（ B ）　29.（ C ）

三、名词解释

旅客遗失物品

由于旅客乘降车匆忙而遗留在站、车内的携带品，简称为旅客遗失物品。

四、问答题

1. 旅客携带品的范围是什么?

每人免费携带品的重量和规格如下：儿童 10 kg，外交人员 35 kg，其他旅客 20kg，每件物品外部尺寸长、宽、高之和不超过 160cm，杆状物品不超过 200cm，但乘坐动车组列车均不超过 130cm，每件重量不超过 20 kg，平衡车、滑行器等轮式代步工具须使用硬质包装物妥善包装。

2. 旅客违章携带物品，应如何处理?

旅客违规携带物品按下列规定处理：

（1）在乘车站禁止进站上车。

（2）在车内或下车站，对超过免费重量的物品，其超重部分应自上车站至下车站补收行李运费。对不可分拆的整件超重、超大物品、活动物，按该件全部重量补收上车站至下车站行李运费。列车不具备补收条件时，可交前方停车站处理。

（3）发现危险品或禁限物品，妨碍公共卫生的物品，损坏或污染车辆的物品时，列车交前方停车站处理，车站按该件物品全部重量加倍补收上车站至下车站行李运费；涉嫌违法犯罪的，送交公安部门处理。对有必要就地销毁的危险品或禁限物品，应按有关规定处理。

（4）如旅客携带超重、超大的物品价值低于行李运费时，可按物品价值的 50%核收行李运费。

（5）补收行李运费时，不得超过本次列车的始发站和终到站。不能判明上车站时，自始发站起计算。

五、综合题

2024 年 7 月 2 日，1461 次（北京丰台—上海）旅客列车到达上海站出站时，列车乘务员发现一名成人旅客持天津西至上海硬座客快票携带重 15kg 的行李箱和重 10kg 的背包一个，请问上海站应如何处理。

解：（1）处理依据：在下车站，对超过免费重量的物品，其超重部分应自上车站至下车站补收行李运费。

行李箱 15 kg 和背包 10 kg 减掉免费的 20 kg，超重 5 kg。

（2）费用计算

天津西—上海　1315km

超重 5 kg 行李运费：$5 \times 0.643 = 3.20$（元）

项目3 行李、包裹运输

单元3.1 行李、包裹的范围

一、判断题

1. （×）	2. （×）	3. （×）	4. （√）	5. （×）
6. （√）	7. （√）	8. （×）	9. （×）	10. （×）
11. （×）	12. （×）	13. （×）	14. （×）	15. （×）
16. （√）	17. （√）	18. （×）	19. （√）	20. （×）
21. （×）	22. （×）	23. （√）	24. （×）	25. （×）
26. （×）	27. （×）	28. （×）	29. （√）	30. （√）
31. （×）	32. （√）	33. （×）	34. （×）	35. （×）
36. （√）	37. （√）	38. （×）	39. （√）	40. （√）
41. （√）	42. （√）	43. （×）	44. （×）	45. （√）
46. （√）	47. （√）	48. （×）	49. （×）	50. （√）
51. （√）	52. （√）	53. （×）	54. （×）	55. （√）
56. （√）	57. （√）	58. （√）	59. （√）	60. （√）
61. （√）	62. （√）	63. （√）	64. （√）	65. （√）
66. （√）				

二、选择题

1. （C）	2. （A）	3. （B）	4. （C）	5. （A）
6. （B）	7. （C）	8. （C）	9. （A）	10. （C）
11. （D）	12. （D）	13. （B）	14. （A）	15. （C）
16. （B）	17. （B）	18. （D）	19. （B）	20. （C）
21. （C）	22. （A）	23. （B）	24. （B）	25. （B）
26. （C）	27. （C）	28. （B）	29. （B）	30. （B）
31. （B）	32. （A）	33. （A）	34. （A）	35. （D）
36. （C）	37. （A）	38. （B）		

三、名词解释

1. 铁路行李包裹运输合同

铁路行李包裹运输合同是指承运人与托运人、收货人之间明确行李、包裹运输权利、义务关系的协议。

2. 行李

行李是指旅客自用的被褥、衣服、个人阅读的书籍，残疾人车和其他旅行必需品。

3. 包裹

包裹是指适合在旅客列车的行李车内运输的小件急运货物。

四、问答题

1. 行李票主要信息包含哪些?

行李票主要信息包含：

（1）承运日期、发站、到站和经由；

（2）乘坐车次、人数、车票号；

（3）旅客姓名、电话、地址；

（4）包装种类、件数、重量；

（5）声明价格；

（6）运费；

（7）运到期限、承运站站名戳及经办人员名章；

（8）铁路运输企业名称。

2. 行李运输合同的有效期间是什么?

行李运输合同自铁路运输企业接收行李并填发行李票时起成立，到行李运至到站交付给旅客止履行完毕。

3. 包裹的分类有哪些?

包裹分为以下四类：

一类包裹：自发刊日起5日以内的报纸；中央、省级政府宣传用非卖品；新闻图片和中、小学生课本。

二类包裹：抢险救灾物资，书刊，鲜或冻鱼介类、肉、蛋、奶类、果蔬类。

三类包裹：不属于一、二、四类包裹的物品。

四类包裹：

（1）一级运输包装的放射性同位素、油样箱、摩托车；

（2）泡沫塑料及其制品；

（3）国务院铁路主管部门制定的其他需要特殊运输条件的物品。

4. 不能按包裹运输的物品有哪些?

（1）尸体、尸骨、骨灰、灵柩及易于污染、损坏车辆的物品；

（2）蛇、猛兽和每头超过20 kg的活动物（警犬和运输命令指定运输的动物除外）；

（3）国务院及国务院铁路主管部门颁发的有关危险品管理规定中规定的危险品、弹药以及承运人不明性质的化工产品；

（4）国家禁止运输的物品和不适于装入行李车的物品。

5. 行李中不得夹带的物品有哪些?

行李中不得夹带的物品如下：

（1）货币：含各币种的纸币和金属辅币；

（2）有价票证：银行卡、储值卡等；

（3）文物；

（4）金银珠宝；

（5）档案材料：指人事、技术档案，组织关系，户口簿或户籍关系，各种证件、证书、合同、契约等；

（6）易碎品、流质物品和骨灰；

（7）妨碍公共卫生和安全的物品；

（8）危险品，铁路运输企业不能判明理化性质的物品按危险品处理；

（9）国家禁止、限制运输物品。

单元 3.2 行李、包裹的托运和承运

一、判断题

1. （√） 2. （×） 3. （√） 4. （√） 5. （√）
6. （√） 7. （√） 8. （√） 9. （×） 10. （√）
11. （×） 12. （√） 13. （√） 14. （√） 15. （√）
16. （×） 17. （√） 18. （√） 19. （√） 20. （√）
21. （√） 22. （√） 23. （√） 24. （√） 25. （√）
26. （×）

二、选择题

1. （C） 2. （A） 3. （C） 4. （B） 5. （A）
6. （B） 7. （C） 8. （D） 9. （D） 10. （D）
11. （C） 12. （B） 13. （B） 14. （C） 15. （A）
16. （A） 17. （B） 18. （B） 19. （A） 20. （D）
21. （B） 22. （B） 23. （A） 24. （C） 25. （C）
26. （D） 27. （C） 28. （C） 29. （A） 30. （B）

三、名词解释

托运

旅客或托运人向车站要求运输行李或包裹称为托运。

四、问答题

哪些物品按包裹托运时必须派人押运？

车站承运金银珠宝、货币、证券、文物、枪支和途中需要饲养的动物时，要求托运人必须派人押运。对运输距离在 200km 以内、不需要饲养的家禽、家畜，托运人提出不派人押运时，也可以办理托运。车站应向托运人说明，并在托运单上注明“途中逃逸、死亡铁路免责”。

单元 3.3　行李、包裹的运送

一、判断题

1.（×）	2.（√）	3.（√）	4.（√）	5.（×）
6.（√）	7.（√）	8.（×）	9.（√）	10.（×）
11.（√）	12.（√）	13.（√）	14.（√）	15.（√）
16.（√）	17.（√）	18.（√）	19.（√）	20.（√）
21.（√）	22.（×）	23.（√）	24.（√）	

二、选择题

1.（D）	2.（C）	3.（D）	4.（D）	5.（C）
6.（D）	7.（B）	8.（B）	9.（C）	10.（C）
11.（C）	12.（C）	13.（C）	14.（D）	15.（C）
16.（C）	17.（C）	18.（C）		

三、名词解释

行李、包裹运到期限

行李、包裹运到期限是指在铁路现有技术设备条件和运输组织水平下，将行李、包裹运送一定距离所需要的时间。

四、问答题

行李、包裹的运到期限，如何计算？

行李、包裹的运到期限，按运价里程计算。

（1）行李：从承运日起，600km 以内为 3 日，601km 以上每增加 600km 增加 1 日，不足 600km 的尾数也按 1 日计算。

（2）包裹：从承运日起，400km 以内为 3 日，401km 以上每增加 400km 增加到 1 日，不足 400km 的尾数也按 1 日计算。

（3）快运包裹：以铁路为主要运输工具运送时，其运到期限按承诺的运到期限或以铁路客运运价里程计算。从承运次日起，国内主要城市间有直达列车运输的运到期限为 3 日；3500km 以上，运到期限为 4 日。其他城市间运送需中转的快运包裹，1000km 以内为 3 日；超过 1000km 时，每增加 800km 运到期限增加一日，不足 800km 的尾数也按一日计算。

一批货物内有超过 50kg 且不足 100kg 的超重快运包裹增加 1 日，100kg 以上的快运包裹增加 2 日。按该批单件最重货物计算增加天数。

（4）一段按行李、一段按包裹计价时，全程按行李计算运到期限。

（5）由于不可抗拒的力量（如自然灾害）或非铁路责任（如疫情、战争、政府机关扣留等）所发生的停留时间，应加算在行李、包裹的运到期限内。

单元 3.4　行李、包裹的交付

一、判断题

1. （ √ ）　2. （ √ ）　3. （ × ）　4. （ √ ）

二、选择题

1. （ B ）　2. （ B ）　3. （ C ）　4. （ C ）　5. （ B ）
6. （ B ）　7. （ B ）　8. （ B ）

三、名词解释

无法交付的物品

无法交付的物品是指无主的行李、包裹，旅客的遗失物品和无人领取的暂存物品。

四、问答题

对于无法交付的物品，应如何处理？

车站、经营人对无法交付物品，保管 90 日无人领取时（易变质物品应及时处理），应进行公告。公告满 90 日仍无人领取时，开列清单，报请铁路局批准，按下列规定处理：

（1）行李、包裹、遗失物品和暂存品等送交拍卖行拍卖（如当地无拍卖行时，应向铁路局指定设立的无法交付物品集中处理站转送）。

（2）枪支、弹药、机要文件及国家法令规定不能随意交易的物品应及时交有关部门处理。

单元 3.5　行李、包裹违章运输的处理

一、判断题

1. （ √ ）　2. （ √ ）　3. （ √ ）　4. （ √ ）

二、选择题

1. （ B ）　2. （ A ）　3. （ B ）　4. （ A ）

三、名词解释

1. 品名不符

办完托运手续后，发现行李、包裹票中记载的物品品名与实际物品品名不同，即物品品名不符的运输。

2. 重量不符

办完行李、包裹托运手续后，发现行李、包裹票上记载的重量与实际重量不符，即重

量不符的运输。

3. 无票运输

应办而未办理行李、包裹托运手续的物品，随行李车运输的一种违章运输，即无票运输。

四、问答题

1. 行李、包裹违章运输的种类有哪些?

行李、包裹的违章运输包括品名不符、重量不符及无票运输等情况。

2. 包裹运输时发现品名不符，应如何处理?

发现品名不符时，应采取认真负责和实事求是的态度，区别不同性质，正确处理。

（1）对伪报一般品名的，在发站，重新办理手续，补收已收运费与正当运费的差额；在到站，加收应收运费与已收运费差额两倍的运费。

（2）将国家禁止、限制运输的物品以及危险品伪报其他品名托运或在货件中夹带时，按下列规定处理：

① 在发站发现时，停止装运，通知托运人领取，全部件数物品的运费不退。将原票收回，在记事栏内注明“伪报品名，停止装运，运费不退”。将报销页交托运人作报销凭证，另以“客杂”按日核收保管费。

② 在中途站发现时，停止运送，发电报通知发站转告托运人领取，运费不退，并对品名不符货件按实际运送区间另行补收四类包裹运费及按日核收保管费。

③ 在列车上发现时，编制客运记录交到站处理，属危险品伪报品名将该批物品交前方停车站处理。

④ 在到站发现时（包括列车移交的），另行补收品名不符货件实际运送区间的四类包裹运费并按日核收保管费。必要时还应交有关部门按国家有关规定处理。

3. 包裹运输时发现重量不符，应如何处理?

（1）到站发现行李、包裹重量不符，应退还时，开具退款证明书退还多收部分的运费。

（2）应补收时，开具“客杂”，补收正当运费，同时编客运记录附收回的行李、包裹票报局收入部门，由局收入部门列应收账款向检斤错误的单位核收与应补运费等额的罚款。

4. 对于包裹运输中无票运输，应如何处理?

车站和列车应拒绝装运无票运输的行李、包裹。若发现已装运的，列车长、列车行李员应编客运记录交到站处理。到站对移交和自站发现的物品按实际运送区间加倍补收四类包裹运费。

五、综合题

2024 年 4 月 10 日，在西安开往上海的 T118 次列车运行至郑州站前，发现托运人王东由西安发上海的一箱重 50kg 机器配件一箱重 50kg，票号 E4325434，因包裹中夹带油漆外溢，将外包装污染，应如何处理?

解：处理程序。

（1）列车编制客运记录交郑州站。

（2）郑州站将包裹扣留，拍发电报通知西安站转告托运人来郑州站领取（托运人于 4

月 15 日到郑州站），按实际运送区间补收四类包裹运费。

西安—郑州　511km

四类包裹 48kg：50 × 0.967 = 48.40（元）

保管费 6 天：1 件 × 6 天 × 3.00 = 18.00（元）

卸车费：2.00 元

合计：68.40 元

单元 3.6　高铁快运作业组织

一、判断题

1. （ √ ）　2. （ √ ）　3. （ √ ）　4. （ √ ）　5. （ √ ）
6. （ × ）

二、选择题

1. （ A ）　2. （ A ）

三、名词解释

高铁快运业务

高铁快运业务是指铁路运输企业依托但不限于利用动车组列车（含确认列车）等运输资源，为客户提供的小件物品全程运送服务。

四、问答题

试述高铁快运的应急处置。

（1）列车晚点情况下应急处置。

① 发站遇列车晚点应按照保证列车正点的原则进行应急处置。晚点信息由车站通知中铁快运公司，中铁快运公司根据晚点的时间，重新计算最大允许装车的件数，直至停止装车。调整装车计划反馈车站，车站按新计划组织装车或停装。

因调整计划后货物有积压的，积压的货物安排后续办理旅客乘降的动车组列车运输、次日装车或其他运输方式运输。

② 到站遇列车晚点，由押运人员提前通知到站。为保证车底后续运用不受影响，到站应根据允许作业的时间情况，安排足够的作业人员，尽快完成卸车作业。

（2）确认列车途中设备故障应急处置。

遇确认列车途中故障，押运人员应通过中铁快运公司调度联系局集团公司调度所，确认后续安排情况，根据不同情况安排后续处置。

① 确认列车故障能够恢复，车底后续应用交路无调整的，按照列车晚点进行应急处置。

② 后续交路启用热备车底或停运的，车上货物由押运人员随车处理。中铁快运公司负责联系局集团公司调度所，安排后续卸车、转运事宜。

项目4 特 种 运 输

单元4.1 路 内 运 输

一、判断题

1. （ × ） 2. （ √ ） 3. （ √ ） 4. （ × ） 5. （ √ ）
6. （ × ） 7. （ √ ） 8. （ √ ）

二、选择题

1. （ A ） 2. （ A ） 3. （ A ） 4. （ C ） 5. （ B ）
6. （ B ）

三、名词解释

路内运输
路内运输是铁路内部因工作、生活需要而产生的人员和物资运输。

四、问答题

1. 铁路乘车证的种类及颜色规定是什么？
乘车证共分九个票种，三种颜色。
（1）软席全年定期乘车证，浅粉色；
（2）软席乘车证（含单程、往返、临时定期），浅粉色；
（3）硬席全年定期乘车证，浅蓝色；
（4）硬席临时定期乘车证，浅蓝色；
（5）硬席乘车证（含单程、往返），浅蓝色；
（6）便乘证，浅蓝色；
（7）通勤乘车证（含通学、定期），浅黄色；
（8）就医乘车证（含往返，临时定期，全年定期），浅黄色；
（9）探亲乘车证（含单程、往返），浅黄色。
2. 铁路乘车证的使用范围是什么？
（1）铁路职工。
（2）《铁路乘车证管理办法》中规定可以使用的其他人员。

3. 铁路乘车证的使用有关规定是什么？

乘车证限乘车证上所填写的持用人，在有效期间和区间使用。除探亲、就医乘车证外，其他各种乘车证每张仅限填发一人使用，实行一人一票制。

各种乘车证（全年、临时定期乘车证外）每张只限填发一个到站。由始发站至到达站有直达列车的，一般应乘直达列车；因签证原因不能乘直达列车的，可在同一方向换乘站中转换乘（限换乘一次），经换乘站签证后，可继续乘车至到达站。

4. 铁路乘车证准乘列车的规定是什么？

（1）持用全年定期、临时定期、软席、硬席乘车证和便乘证，在正式或临时营业铁路上准乘各种旅客列车（国际列车除外）。

（2）持用探亲乘车证，准乘除国际、旅游列车以外的各种旅客列车。

（3）持用通勤乘车证，准乘各种旅客列车（国际列车除外）。

（4）持用就医乘车证，准乘快车和普通旅客列车。

（5）持用铁路全年定期、临时定期、软席、硬席乘车证均可乘坐空调可躺式客车。

（6）持有各种铁路乘车证的铁路职工允许乘坐动车组二等座席。

5. 使用铁路乘车证乘车证明的规定是什么？

持用铁路各种乘车证的职工出入车站及在列车内须与旅客同样经过检验票证及有关证件。

（1）持用铁路乘车证乘车，应同时交验工作证、离休证、退休证、家属证或家属医疗证。

（2）职工持用探亲乘车证，应同时持贴有本人照片的工作证和探亲证明；职工配偶或父母、子女持贴有本人照片的家属证（医疗证）和探亲证明。

（3）出差、驻勤、开会、入学、调转、出校、赴任、搬家时，还必须交验相应证明（出差证明、人事调转命令、户口迁移证）。

机车乘务人员便乘时，必须携带机务段填发的司机报单。

机械保温车乘务员去外地换班乘坐旅客列车时，应交验保温段填发的交、接班证明。

6. 使用铁路乘车证在乘车站使用签证及加剪规定是什么？

（1）持用临时定期、软席、硬席乘车证、探亲乘车证乘车时，须由车站签证，其他乘车证免于签证。

（2）持有各种铁路乘车证的铁路职工乘坐动车组时，必须先签证后乘车。

（3）对持用的全年、临时定期、通勤、全年定期就医和临时定期就医乘车证免打查验标记；其他乘车证均经于始发站和返乘站予以剪口，列车内查验时也应打查验标记。

7. 使用铁路乘车证免费使用卧铺的规定是什么？

（1）职工（含路外符合使用乘车证的人员）出差、驻勤、开会、调转、赴任、护送等，以本人开始乘坐本次列车开车时刻计算，从 20:00 至次日 7:00 之间，在车上过夜 6h（含 6h）或连续乘车超过 12h（含 12h）以上的，准予免费使用卧铺。

（2）使用卧铺中途不应下车，若必须下车时，不足夜间乘车 6h 或连续乘车不足 12h 的，列车长应按章核收已乘区间的卧铺票价。

（3）持乘车证在列车上使用卧铺时，应将出差证明、卡片连同乘车证交列车员保管（下车前交还），并办理签证。列车员应在出差证上加盖图章或签字，以作为职工单位不再发给卧铺票价补贴的凭证。持用全年定期出差证可不交给列车员保管。

（4）机车乘务员应按预留铺位便乘，旅客列车（挂有国际联运车厢的列车除外）应预留3个（上、中、下各一个）机车便乘铺。机务段开便乘证时，如超过3人应自第4人起，加盖无铺戳记，卧铺车厢的列车员对便乘证应及时登记并保管，下车前交还。凡不符合便乘规定者，列车长应收回便乘证，编制客运记录，上报所属铁路局收入部门，追补票价。

8. 违章使用乘车证的处理有哪些？

在票面上加添、涂改、转借、超过有效期或有效区间乘车，未持规定的有关证明、证件或持伪造证明、证件的均视为违章使用乘车证。

（1）发现违章使用乘车证时，均按无票处理。按所乘旅客列车的等级、席别、铺别、区间（单程或往返）及票面填写的人数补收票价，并核收应收票价50%的加收票款及手续费。同时查扣其乘车证及有关证件上交铁路局收入部门。上交时应编制客运记录，注明违章情况。

（2）下列乘车证除按规定补收票款外，还应按照票面记载的席别、区间加收罚款：

① 定期通勤乘车证，按票面填写的乘车区间，自有效月份起至发现违章月份止，按每月一次往返的里程通算计收客票票价。

② 全年定期乘车证、临时定期乘车证、通勤（通学）乘车证，自有效日期（过期的从有效期终了的次日）至发现违章日期止，票面填写的乘车区间在一个铁路局以内的，按每日乘车 50 公里计算票价；乘车区间跨铁路局的，按每日乘车 100 公里计算票价（含义同前），计算后低于50元的按50元核收。

③ 发现其他违章行为的，均按《中国国家铁路集团有限公司铁路旅客运输规程》的规定相应处理。

（3）乘车证使用过程中，发现违章事项当时处理不了的，站、车应编制客运记录，连同查扣的乘车证及有关证件报本铁路局收入部门，由铁路局依据规定向违章职工单位发函，追补应收票款及罚款。

五、综合题

2024年7月1日，沈阳开往绥芬河的2727次列车（空调普快），到达哈尔滨站前验票发现一名旅客持借用他人的硬席临时定期乘车证（公YLb042017），有效期为2024年6月1日至2024年9月2日，有效区间为沈阳至哈尔滨、齐齐哈尔，要求在哈尔滨下车，列车应如何处理？

解：借用他人乘车证按无票处理并加收罚款，同时编制客运记录，查扣临时定期乘车证上交铁路局收入部门。

沈阳—哈尔滨　549km

应收票价：新空硬座票价为46.00元

新空普快票价：9.00元

新空空调票价：11.00元

合计：46.00 + 9.00 + 11.00 = 66.00元

加收票款：66.00 × 50% = 33.00元

罚款：乘车区间跨级两个铁路局，按每月 100km 计算，硬座客快票价 7.50 元，6 月 1 日至 7 月 1 日共 31 日，票价 $7.50 \times 31 = 232.50$ 元

总计：$66.00 + 33.00 + 232.50 = 331.50$ 元

单元 4.2　军事旅客运输

一、判断题

1. （ √ ）　2. （ √ ）　3. （ √ ）　4. （ √ ）

二、选择题

1. （ A ）　2. （ A ）

三、名称解释

军运事故

在军事运输过程中，发生非正常人员伤亡、物资损失和延误军事运输任务的事件，均构成军运事故。

四、问答题

1. 新老兵运输的期限是什么？

在通常情况下，全国新老兵运输应当于每年 11 月 25 日开始，12 月 31 日前结束。其中，老兵运输应当于 11 月 25 日开始，新兵运输应当于 12 月 10 日开始，至 12 月 31 日止。因此，每年 11 月下旬至 12 月下旬为新老兵运输期限。

2. 铁路军事运输的等级是什么？

根据任务性质和装备性能，铁路军事运输依次分为特殊运输、重点运输和一般运输三个等级。

3. 军运事故的等级有哪些？

军运事故分以下三类：

（1）人员伤亡，系指乘车或押运人员当场死亡或重伤住院治疗者。

（2）物资损失，系指军运物资的丢失、损坏、不能使用或需入厂检查修理，军马等有生动物死亡。

（3）特殊运输发生迂回、越站、错到以及漏加装分卸等情况。

单元 4.3　国际旅客联运

一、判断题

1. （ √ ）　2. （ √ ）　3. （ √ ）　4. （ √ ）　5. （ √ ）
6. （ × ）

二、选择题

1. （ A ）　2. （ A ）　3. （ D ）　4. （ A ）

三、名词解释

1. 国际铁路旅客联运

国际铁路旅客联运是指发、到站不在同一国内的旅客、行李和包裹铁路运输，包括海铁联运。

2. 联运站

《国际铁路客运运价规程》中规定的办理旅客联运的车站称之为联运站。

3. 国境站

国与国之间邻接的车站称之为国境站。

四、问答题

1. 我国铁路现有的旅客联运站有哪些？

我国铁路现有 30 个旅客联运站：北京、北京西、大同、天津、衡阳、长沙、汉口、郑州、呼和浩特、集宁、二连、沈阳、长春、丹东、哈尔滨、牡丹江、满洲里、绥芬河、桂林、南宁、崇左、凭祥、乌鲁木齐、阿拉山口、昆明北、河口、山海关、开远、宜良、昂昂溪。

2. 参加《国际旅客联运协定》的国家有哪些？

参加《国际旅客联运协定》的国家有以下 24 个：阿塞拜疆共和国、阿富汗伊斯兰共和国、阿尔巴尼亚共和国、白俄罗斯共和国、保加利亚共和国、越南社会主义共和国、格鲁吉亚、哈萨克斯坦共和国、中华人民共和国、朝鲜民主主义人民共和国、吉尔吉斯共和国、拉脱维亚共和国、立陶宛共和国、摩尔多瓦共和国、蒙古国、波兰共和国、俄罗斯联邦、斯洛伐克共和国、塔吉克斯坦共和国、土库曼斯坦、乌兹别克斯坦共和国、乌克兰、捷克共和国、爱沙尼亚共和国。

项目5 运输事故的处理

单元 5.1 铁 路 电 报

一、判断题

1. （ × ） 2. （ × ） 3. （ √ ） 4. （ × ） 5. （ × ）

二、选择题

1. （ A ） 2. （ D ）

三、名词解释

1. 铁路电报

铁路电报是铁路部门之间处理铁路紧急公务的通信工具，也是铁路办理紧急事务所使用的一种公文表现形式。

2. 主送单位

主送单位是指具体受理、承办本事件的单位，无论单位大小，都要列入主送单位。

3. 抄送单位

抄送单位是指需要其督办、协办或需要其仲裁、备案的单位，一般都是主送单位和发报人（单位）的上级机关或主管业务部门。其顺序按上、下级或与该事件关系主次依次排列，发报人隶属单位排在最后。一般情况下抄送外局机关或有关业务主管部门，也应同时抄报本局的同级机关和相应的业务主管部门。

四、问答题

1. 铁路电报的等级有哪些？

铁路电报的等级按电报的性质和急缓程度分为以下六种：

（1）特急电报（T）。指非常紧急的命令、指示，处理重大、大事故、人身伤亡事故、重大灾害及敌情的电报。

（2）急报（J）。指中国国家铁路集团有限公司、中国国家铁路集团有限公司所属公司、中国铁路铁路局集团有限公司的紧急命令、指示，时间紧迫的会议通知，列车改点、变更到站和收货人，车辆甩挂、超限货物运行，行车设备施工、停用、开通、限速的电报，国际公务电报，及其他时间紧迫的电报。

（3）限时电报（X）。指限定时间到达的电报。根据需要与可能，由用户与电报所商定，在附注栏内填记送交收电单位的时间，如限时 10:30，应写“XS10:30”。

（4）列车电报（L）。指处理列车业务，必须在列车到达以前或在列车到达当时送交用户的电报。

（5）银行汇款电报（K）。指银行办理铁路汇款业务，按急报处理。

（6）普通电报（P）。指上述五类以外的电报。

2. 使用铁路电报的注意事项有哪些？

（1）拍发电报必须使用铁路电报纸，要注明发报地点、日期并加盖规定名章。

（2）编拟电报稿应使用规定的文字、符号、记号（即汉字及标点符号，汉语拼音字母，阿拉伯数字，规定有电报符号的记号和能用标准电码本译成四码的记号和字母），编拟时电文通顺，文字力求简练，标点符号完整，字体清晰、工整、不潦草、不造字、无错别字，并在原稿上填写拟稿人姓名和电话号码。

（3）电报稿左上角应有主送单位、抄送单位，右下角有发报单位本部门电报编号、日期，并应加盖公章、名章或签字。

（4）电报稿的主送单位、抄送单位要正确。

3. 列车铁路电报的拍发范围是什么？

旅客列车遇有下述情况时，列车长应拍发电报：

（1）因误售、误购车票而误运行李，行李又未在本列车装运，列车通知原到站向正当到站转运时；

（2）列车超员，通知有关部门和前方停车站采取控制客流措施时；

（3）列车行包满载，通知前方有关停车营业站停止装运行包时；

（4）遇有特殊情况，列车途中发生餐料不足，通知前方客运段补充餐料时；

（5）餐车电冰箱发生故障，通知前方客运段或车站协助加冰时；

（6）列车在中途站因车辆发生故障甩车或空调车发生故障不能修复，通知前方各停车站并汇报有关上级部门时；

（7）列车广播设备中途发生故障，通知前方广播工区派员前来处理时；

（8）专运等列车在中途站临时需要补燃料（煤、油），通知前方客运段补煤时；

（9）列车运行中因发生意外伤害，招致旅客重伤或死亡，应立即向有关铁路局、车务段（中心站）拍发事故速报时；

（10）列车发生或发现重大行包事故后，应立即向铁道部和有关铁路局拍发事故速报时；

（11）站、车之间办理行李、包裹交接时，接受方未按规定签收，但双方对装卸的件数、包装等情况产生异议，向当事站拍发电报声明时；

（12）列车内发生运输收入现金、客票票据丢失、被盗和短少等事故，向铁路局收入部门和公安部门报案，通知有关单位协助查扣时；

（13）列车发生爆炸、火灾等突发事件或遇其他紧急情况，须迅速报告上级部门处理时；

（14）列车上发生旅客食物中毒，向所属铁路局或前方铁路疾控所报告时；

（15）遇其他紧急情况，需要迅速报告时。

单元 5.2　线路中断的处理

一、判断题

1.（√）　2.（×）　3.（√）　4.（√）　5.（×）

二、选择题

1.（A）　2.（C）　3.（A）

三、问答题

1. 线路中断的原因有哪些？

（1）自然灾害，如水灾、雪害、冰雹、地震、泥石流等。

（2）旅客责任，如携带危险品、吸烟者乱扔烟头所引起的燃烧、爆炸等。

（3）铁路过失，如设备陈旧、失修，职工素质低、基础工作薄弱、劳动纪律松弛、列车严重超员等所引起的意外事故。

（4）其他原因，如坏人破坏、战争等。

2. 线路中断时，如何安排旅客？

运行中断，列车不能继续运行时，应妥善安排被阻旅客，及时告知相关出行信息。

运行中断，旅客可以按照铁路运输企业的安排返回发站、中途站退票或绕道旅行，退票按照《中国国家铁路集团有限公司铁路旅客运输规程》第五十一条办理。

铁路运输企业组织原列车绕道运输时，旅客原票不补不退，但中途下车铁路旅客运输合同即履行终止。

由于运行中断影响旅行，旅客要求出具证明时，车站应开具文字证明。

单元 5.3　旅客人身伤害事故的处理

一、判断题

1.（√）　2.（√）　3.（√）　4.（√）　5.（×）

二、选择题

1.（A）　2.（B）

三、名词解释

1. 旅客人身伤害事故

凡持有效车票的旅客，经检票口进站验票开始，至到达目的地出站时止（中转和中途下车的旅客自出站至进站期间除外），在旅行中遭受到外来、剧烈及明显的意外伤害事故以及承运人的过错，致使旅客人身受到伤害以至死亡、残废或丧失身体机能者，均属旅客人身伤害事故。

2. 旅客自身责任

旅客违反铁路安全规定，不听从铁路工作人员引导、劝阻等违法违章行为或其他自身原因造成的伤害，属于旅客自身责任。

3. 铁路运输企业责任

由于铁路运输企业人员的职务行为和设施设备的原因给旅客造成的伤害，属于铁路运输企业责任。

四、问答题

1. 旅客发生急病时如何处理？

（1）持有车票的旅客在车站候车期间发生急病时，车站应立即送至医院急救。如系传染病应送传染病医院（有同行人的由同行人处理，车站协助），送往医院抢救的同时尽快确认旅客身份，并及时通知家属或单位。

（2）旅客在列车上发生急病时，列车长通过广播找医生，确定病情和诊治，列车没有医生时，询问同行人或周围旅客症状，需要下车治疗时，应填写客运记录，送交市、县所在地的车站或较大车站，转送医院或传染病医院治疗。

车站接到调度的通知及时通知医院安排救护车到站接病人，指派专人到站前引导救护车进站，到指定车厢位置并做好接车准备。

2. 旅客发生死亡如何处理？

（1）持有车票的旅客在车站候车期间死亡时，车站站长应会同公安部门、卫生部门共同检验，并按规定处理，确认死者身份，公安照相备案，必要时还得做尸检。如因传染病死亡的应根据卫生部门的指示办理，及时通知防疫部门，并根据卫生部门的要求办理对旅客停留的地方要进行消毒处理，接触过的工作人员穿过的衣物也应进行消毒或处理。车站应通知其家属或工作单位前来认领。

（2）旅客在列车上死亡时，列车长应填写客运记录，会同铁路公安人员将尸体和死者遗物交给市、县所在地的车站或较大的车站，接收站按照在车站死亡时办理。

（3）对死者的遗物妥善保管，列好清单一式2份（检查死者遗物必须有公安人员在场），待死者家属或工作单位前来认领时一并交还。旅客死后处理所产生的费用，没有同行人时先由铁路部门垫付，事后向其家属或工作单位索还。

3. 旅客人身伤害事故的种类有哪些？

（1）轻伤：伤害程度不及重伤者；

（2）重伤：肢体残废、容貌毁损，视觉、听觉丧失及器官功能丧失。具体参照司法部颁发的《人体重伤鉴定标准》；

（3）死亡。

4. 旅客人身伤害事故的等级有哪些？

旅客人身伤害事故分为六等。

（1）轻伤事故：是指只有轻伤没有重伤和死亡的事故；

（2）重伤事故：是指有重伤没有死亡的事故；

（3）一般伤亡事故：是指一次造成死亡 1 人至 2 人的事故；

（4）重大伤亡事故：是指一次死亡 3 人至 9 人的事故；

（5）特大伤亡事故：是指一次死亡 10 人至 29 人的事故；

（6）特别重大伤亡事故：是指一次死亡 30 人以上的事故。

5. 事故速报内容包括哪些？

事故速报内容包括：

（1）事故种类；

（2）发生日期、时间、车次；

（3）发生地点、车站、区间里程；

（4）伤亡旅客姓名、性别、国籍、民族、年龄、职业、单位、住址，车票种类、发到站、票号、身份证号码；

（5）事故及伤亡简况。

6. 有哪些情形，属于车站责任？

有下列情形之一的，属于车站责任：

（1）旅客持票进站或下车后在检票口以内因组织不当造成伤害的；

（2）缺乏引导标志或有关引导标志不准确而误导旅客发生伤害的；

（3）车站设备、设施不良造成旅客伤害的；

（4）车站销售的食物造成旅客食物中毒的；

（5）因误售、误剪不停车造成旅客跳车的；

（6）在规定停止检票后继续检票放行或检票放行时间不足，致使旅客抢上列车造成伤害的；

（7）因违章操作、管理不善造成火灾、爆炸、发生旅客伤害的；

（8）事故处理工作组有理由认为属于车站责任的。

7. 有哪些情形，属于列车责任？

有下列情形之一的，属于列车责任：

（1）由于车门未锁造成旅客跳车、坠车或站内背门下车造成旅客伤害的；

（2）因列车工作人员的过失，致使旅客在不办理乘降的车站（包括区间停车）下车造成人身伤害的；

（3）由于组织不力，旅客下车挤、摔造成伤害的；

（4）车站误售、误剪车票，列车未能妥善处理造成旅客跳车伤害的；

（5）因列车报错站名致使旅客误下车造成伤害的；

（6）因列车工作人员的过失造成旅客挤伤、烫伤的；

（7）因餐车、售货销售的食物造成旅客食物中毒的；

（8）因违章操作、管理不善造成火灾、爆炸，造成旅客伤害的；

（9）因列车设备不良造成旅客人身伤害的；

（10）事故处理工作组有理由认为属于列车责任的。

单元5.4 行李包裹运输事故的处理

一、判断题

1. （ √ ） 2. （ √ ） 3. （ √ ） 4. （ √ ） 5. （ × ）

二、选择题

1. （ A ） 2. （ C ）

三、名词解释

事故苗子

在运输行李、包裹过程中（自承运时起至交付完毕时止）造成轻微损失及一般办理差错为事故苗子。

四、问答题

1. 行李包裹事故的种类有哪些?

（1）火灾；

（2）被盗（有被盗痕迹的）；

（3）丢失（全部未到或部分短少，无被盗痕迹的）；

（4）损坏（破损、湿损、变形等）；

（5）误交付；

（6）货票分离，票货不符，误装卸或顶件运输时；

（7）其他（污染、腐坏等）。

2. 行李、包裹发生哪些情况时，应立案处理?

行李、包裹发生下列情况之一时，应立案处理：

（1）行李、包裹运输发生火灾、被盗、丢失、损坏、误交付、票货分离、票货不符、误装卸或顶件运输及其他事故时；

（2）行李、包裹超过运到期限10d，鲜活包裹超过运到期限没有运到时；

（3）行李、包裹超过运到期限没有运到或发生票货分离、票货不符、误装卸时，车站向发站拍发电报查询行李、包裹的下落，查询无结果时；

事故立案和调查处理由到站办理。行李、包裹在发站装运前全部灭失、毁损时由发站办理。

3. 因哪些原因造成的行李、包裹损失，承运人不承担责任?

因下列原因造成的行李、包裹损失，承运人不承担责任：

（1）不可抗力；

（2）物品本身的自然属性或合理损耗；

（3）包装方法或容器不良，从外部观察不能发现或无规定的安全标志时；

（4）托运人自己押运的包裹（因铁路责任除外）；

（5）托运人、收货人违反铁路规章或其他自身的过错。

项目6 旅客运输计划及组织

单元 6.1 旅客运输计划概述

一、判断题

1. （√） 2. （√） 3. （×） 4. （×） 5. （√）
6. （√） 7. （×） 8. （√） 9. （√） 10. （√）
11. （√） 12. （×） 13. （√） 14. （√） 15. （√）
16. （√） 17. （×） 18. （√） 19. （√） 20. （×）
21. （√）

二、选择题

1. （A） 2. （D） 3. （B） 4. （C） 5. （B）
6. （A） 7. （B）

三、名词解释

客流

客流是指铁路某一方向上，一定时间内旅客的流量和流向。

四、问答题

1. 旅客运输计划的种类有哪些？

（1）旅客运输计划，根据执行期间的不同可分为下列三种：

长远计划、年度计划、日常计划。

（2）旅客运输计划，按其组织形式不同可分为：

客流计划、技术计划、日常计划三种。

2. 客流的构成要素有哪些？

它是由旅客的流量、流向和流程和流时构成的。

3. 客流的主要特点有哪些？

（1）客流增长迅速。

（2）客流具有一定的波动性。

（3）客流分布不均衡。

（4）管内客流所占比重较大。

（5）客流行程比较短。

4. 旅客运输计划的特点有哪些？

旅客运输计划与货物运输计划相比较，具有以下特点：

（1）计划期内人们提出的旅行需要，运输部门不能拒绝，不能延期或提前，必须及时满足。

（2）旅客要求的乘车径路和到达地，不能像货流那样可以在全国范围内根据产供销合理联系的原则进行调整。

（3）铁路输送旅客的能力及客运机车车辆的工作量决定于旅客运输计划的时间并不一致，从而增加了综合平衡的复杂性。

（4）作为铁路运输主要产品之一的旅客运输（即人的位移），对质量的要求比货物运输更高更严。

单元6.2 客 流 计 划

一、判断题

1. （√） 2. （×） 3. （√） 4. （√） 5. （√）
6. （√） 7. （√） 8. （√） 9. （√） 10. （√）
11. （√） 12. （√） 13. （√） 14. （√）

二、选择题

1. （D） 2. （B） 3. （D） 4. （D）

三、名词解释

1. 直接吸引范围

直接吸引范围是指车站所在地及其附近地区被车站直接吸引的城市和居民点的总区域而言。

2. 间接吸引区

间接吸引区是指车站直接吸引范围以外，由其他交通工具的联系而被间接吸引的远地区的城市和居民点的总体区域。

3. 直通客流图

直通客流图是由一个铁路局所属各客流区段产生的客流，经过一个或几个铁路局间分界站到达全铁路局的各客流区段的客流图解表示。

4. 管内客流图

管内客流图是由一个铁路局各管内客流区段产生，而又在本局管内各客流区段消失的客流图解表示。

5. 旅客发送人数

旅客发送人数又称旅客发送量，是指一定时期内（日、旬、月、年）内，全路、铁路局、车站发送的旅客人数，分别按直通、管内计算，然后加总。

6. 旅客运送人数

旅客运输人数又称旅客运输量，简称客运量，是指在一定时期（日、旬、月、年）内，全路或铁路局运送的全部旅客人数。

7. 旅客周转量

旅客周转量是指在一定时期（日、旬、月、年）内，全路或铁路局所完成的旅客人公里数，分别按直通、管内计算，然后加总。

8. 旅客平均运输距离

旅客平均运输距离亦称旅客平均行程，是指平均运送每一名旅客的距离，分别按直通、管内计算，然后再求得总的平均运输距离。

9. 旅客运输密度

旅客运输密度简称客运密度，是指一定时期内（通常指一年），某一区段、铁路局或全路平均每千米线路上所承担的旅客周转量。

四、问答题

1. 客运量预测有哪些方法？

有三种预测方法：

（1）固定比例法（乘车系数法）；

（2）动态关系法（比例增减法）；

（3）时间序列法（趋势外延法）。

2. 影响客流变化的主要因素？

（1）社会政治、经济、文化的发展变化；

（2）国家或地区一定时期内方针政策的变化；

（3）生产布局的变化，经济区的开发，地方工业及乡镇企业的兴办和发展；

（4）人口的自然增长；

（5）人文、民俗及国家和地区性的大型团体活动；

（6）现有铁路的技术改造，新线的修建，客流吸引范围的扩大或缩小；

（7）各种交通运输工具的发展和分工情况；

（8）不同交通工具客运票价的变化；

（9）自然灾害和季节、气候变化；

（10）旅游业的发展变化。

3. 节假日调查主要针对哪些节日？

节假日调查主要是对清明节、端午节、五一国际劳动节、中秋节、国庆节、元旦、春节这七大节日和暑期客流进行调查。前六项主要是管内客流增长较大，一般在节日运输前 1 个月左右进行。春节、暑期运输的客流调查应在春节、暑期运输前 3～4 个月内进行。

五、综合题

试画出D站的直接吸引范围。

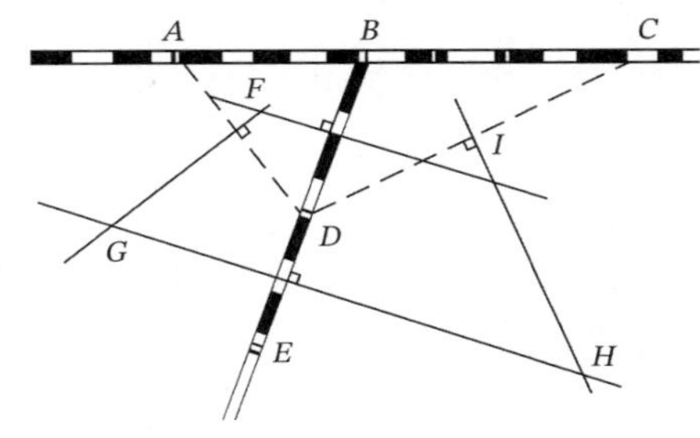

单元6.3　技 术 计 划

一、判断题

1. （ × ）　2. （ √ ）　3. （ √ ）　4. （ √ ）　5. （ √ ）

二、选择题

1. （ B ）　2. （ B ）　3. （ A ）

三、名词解释

1. 车底周转时间

车底周转时间是自始发站出发时起至下次再由始发站出发时止，车底所经过的时间。

2. 运输能力

运行图规定的全路、铁路局在一定时期内（日、月、年）始发和运行的各种旅客列车的总定员数。

3. 列车对数

全路、铁路局由各站始发列车的总和，应分别直通、管内列车统计并加总计算。

4. 列车公里

全路、铁路局由各站始发的列车和其运行距离乘积的总和。

5. 旅客列车直通速度

旅客列车平均每小时所运行的公里数，应将直通、管内旅客列车二项分别计算。

6. 旅客列车技术速度

不包括停站时分在内的速度列车平均每小时的运行公里数，应和直通速度一样分别进行计算。

7. 直通速度系数

直通速度和技术速度的比值。

8. 列车车底日车公里

某一车底或平均每一车底在一昼夜内所运行的公里数。

四、问答题

1. 写出合理开车范围的计算公式。

设直通列车的单程运行时间$T = x + 24D$，则其合理开车范围t可用下列分析式确定：

当$0 + 24D \leqslant T < 7 + 24D$时，$t = 7\sim(24 - x)$

当$7 + 24D \leqslant T \leqslant 17 + 24D$时，$t = 7\sim(24 - x)$、$t = (24 - x + 7)\sim24$

当$17 + 24D < T \leqslant 24 + 24D$时，$t = (24 - x + 7)\sim24$

2. 写出客车运行方案图的编制原则。

（1）减少停站次数及停站时间，提高旅客列车的直通速度。

（2）列车始发、终到、通过各主要站的时刻，应方便旅客旅行。并应对有优势、有竞争力的中距离列车给予最优先考虑。

（3）经济合理地使用机车车辆。

（4）旅客列车与货物列车运行线应有良好的配合。

（5）旅客列车的运行与客运站技术作业过程相协调。

（6）处理好列车到开时间和列车密度、列车性质、客车车底运用、机车交路、施工封锁几方面的关系，避免和克服抢好点、抢热门车现象。

3. 直通旅客列车开行条件有哪些？

（1）跨两局的列车其直通客流量不少于 600 人；

（2）跨三局的列车不少于 500 人；

（3）跨四局及其以上的列车不少于 400 人。

4. 行车量不足一列尾数的处理方法是什么？

通过概算或公式计算出的列车总数和各类列车数，往往出现不足一列的尾数，对此一般不予进整，应采用下列方法处理：

（1）调整车型或增减列车编组以扩大或缩小定员；

（2）利用超员或欠员的方式运输；

（3）对特殊客流较大区段采取加挂回转车的方式运输；

（4）对于不足每日开行一列车的长途直通旅客列车或国际列车采用定期（每周二次……）或隔日开行的方式运输；

（5）跨局普通旅客快车，在定员有余的区段可适当增加停站次数，以吸收部分管内客流，充分利用运能。

在实际工作中，按现行运行图开行的客车对数，根据客流计划，进行确定。

单元 6.4　票额分配方法

一、判断题

1.（√）　2.（√）　3.（√）　4.（×）　5.（√）

6.（√）　7.（√）　8.（×）　9.（√）

二、选择题

1. （ C ）　2. （ A ）　3. （ D ）

三、名词解释

1. 票额共用

所谓“票额共用”是指某个车站的票额，允许被列车运行径路前方多个车站使用，旅客根据需要选择乘车站购票，并按票面指定乘车站乘车。

2. 席位复用

所谓“席位复用”是指客票系统席位售出后，再次生成从售到站至原限售站的新席位，使列车能力再次利用。

四、问答题

票额分配依据是什么？

（1）指定月份的管内、直通客流统计资料。

（2）列车的旅客密度表，应分车次整理的软卧、硬卧和软座、硬座数字，并分析各次列车超员和虚糜情况。

（3）主要站分车次，区段的上车人数和分车次的下车人数。

（4）既有动车组列车每次调整列车运行图时，票额分配主要依据以往开行期间列车旅客密度表情况，结合对列车运行区段客流影响因素的调查、分析和预测进行预分。

（5）新开行列车票额分配依据客流调查及预测资料。

单元6.5　铁路客运信息系统简介

一、判断题

1. （ √ ）　2. （ √ ）　3. （ √ ）　4. （ × ）

二、选择题

1. （ A ）　2. （ A ）

三、名词解释

旅客服务系统（简称“旅服系统”）

旅客服务系统（简称“旅服系统”）是以信息的自动采集为基础，以为旅客提供全方位信息服务为目标，实现客运车站信息自动广播、导向、揭示、监控等功能的两级架构管理控制系统。

四、问答题

1. 站车交互系统的组成

站车交互系统主要由地面系统、无线传输平台及移动系统组成。

2. 客管系统总体结构

客管系统总体结构设计采用两级部署、三级应用的模式。即国铁集团、局集团公司两级部署，国铁集团、局集团公司、客运站段三级应用。

项目7 客运站工作组织

单元 7.1 客运站的作业与主要设备

一、判断题

1. （ √ ） 2. （ × ） 3. （ √ ） 4. （ √ ） 5. （ √ ）
6. （ √ ）

二、选择题

1. （ A ） 2. （ C ）

三、名词解释

1. 旅客最高聚集人数

旅客最高聚集人数是指客运站全年最高月份中，日均一昼夜内旅客同时在候车室的最大候车人数，包括客运站发送旅客、中转旅客及送客者，通勤、通学旅客除外。

2. 客运站

客运站是指专门办理大量客运业务的车站，客运站一般设置在具有特殊意义的大城市及客流比较集中的中小城市。

四、问答题

1. 客运站的主要任务是什么?

客运站的主要任务是：安全、迅速、有秩序地组织旅客上下车，便利旅客办理一切旅行手续，提供旅客舒适的候车条件，保证铁路与市内交通联系便捷，使旅客迅速疏散。为完成上述任务客运站必须有完善的设备及正确的工作组织方法。

2. 客运站的主要设备有哪些?

客运站的设备主要由站房、站场及站前广场组成，并拥有行车指挥、运营管理、生活服务等方面的设施设备。

3. 简述站前广场的组成。

站前广场由三部分组成：

（1）各种车辆停车场，包括公共车辆停留场、出租车、社会车辆、行包邮件专用车及非机动车辆停留场。

（2）旅客活动地带，包括人行通道、交通安全岛、乘降岛、旅客活动平台以及观景区。

（3）旅客服务设施，包括旅馆、饭店、超市、话吧、邮局、汽车站、厕所等。

单元 7.2　客运站流线组织

一、判断题

1. （ √ ）　2. （ √ ）　3. （ √ ）　4. （ × ）

二、选择题

1. （ A ）　2. （ D ）

三、名词解释

流线

在客运站内，旅客、行包、交通车辆的集散活动，产生一定的流动过程和路线，简称为流线。

四、问答题

1. 流线组织原则是什么？

（1）各种流线避免互相交叉干扰。

尽量将到、发客流分开，将长途与短途客流分开，将客流与行包、邮政流分开，将到达行包与发送行包流线分开。在通勤职工较多的车站还应考虑将通勤职工出入口与旅客出入口分开。

（2）最大限度地缩短旅客走行距离，避免流线迂回。

首先应缩短多数旅客的进站流线，尽量把站房入口与检票入口之间的距离缩短；其次，也要给其他活动程序不同的旅客，创造灵活条件，以便他们都可能按照自己的程序以较短的路线进站。

2. 流线疏解的基本方式是什么？

（1）在平面上错开流线，即在同一平面上，站房及各种客运设备的布局使各种流线在同一平面左右错开自成系统，达到疏解的目的。为配合站前广场的车流组织通常将进站客流安排在站房的右侧，出站客流安排在站房的左侧。

（2）在空间上错开流线，即进出站流线在空间上错开，进站客流走上层，出站客流走下层，达到疏解目的。

（3）在平面和空间上同时错开流线，即流线既在平面上错开又在空间上错开。进站客流由站房右侧下层入站，经扶梯上层候车，然后经天桥或高架交通厅（检票厅）检票上车。出站客流经地道由站房左侧下层出站。这种方式不但流线明显分开，而且流线距离也缩短，适合于大型双层客运站。

单元 7.3　售票工作组织

一、判断题

1. （ √ ）　2. （ √ ）　3. （ × ）　4. （ √ ）　5. （ √ ）
6. （ × ）

二、选择题

1. （ A ）　2. （ D ）　3. （ A ）

三、名词解释

1. 铁路乘意险

铁路旅客人身意外伤害保险简称“铁路乘意险”，它是指由中国铁路财产保险自保有限公司经中国银保监会核准经营的，保障旅客在保险期间内持有效乘车凭证合法乘坐境内列车遭受意外伤害致使旅客本人身故、伤残或治疗的，铁路保险公司按照约定给付保险金的一种保险产品。

2. 互联网售票

互联网售票就是通过网络工具——计算机，在网上购买和销售车票，属于一种网上购物的方式。

四、问答题

1. “六字”售票法是什么？

车站需要运用电子售票“六字”售票法进行售票。

问：问清到站、日期、车次、座别、张数、经由，并告诉旅客是否停车。

输：输入旅客购票要求，告诉旅客票种、张数、应收票款。

收：收取票款，确认币面，摊平复点复唱，将票款放于桌面上，键入实收款数，按制票键制票。

取：取出打印好的软纸票，取出找零款，复核票面、张数及找零款。

交：将软纸票和找零款一起递交给旅客，同时报唱到站、张数、找零款数。

清：票款按面值放入抽屉内，按键恢复售票状态。

2. “五字”退票法是什么？

“五字”退票法：

看：看清票面是否有效。

输：用扫描仪进行认证，输入票号。

核：核对票面记载项目，确认应退票款。

盖：加盖“退”字戳记，收回已退车票。

交：将应退票款和报销凭证一并递交旅客，并进行复唱，按功能键恢复退票状态等待下一位旅客。

3. 售票处、售票窗口的设备和资料有哪些？

（1）主要设备

主要设备有贮票柜、售票箱、日期机、保险柜、计算器（算盘）、车次戳、剪刀等。如为电子售票还配有电子计算机及车票打印机等设备，并要有良好的通风和照明以及便于售票作业的专用桌子和转椅。

（2）业务资料

业务资料有《铁路旅客运输规程》《铁路客运运价规则》《铁路旅客运输办理细则》《铁

路旅客运输管理规则》《客运规章汇编》《客运运价里程表》《旅客票价表》《国际客协》《国际客价》《军运后付办法》《全国旅客列车时刻表》《全国地图》《列车编组顺序表》《全国铁路营业站示意图》以及全国快车始发站、停车站名表和本站列车到发时刻等。

单元 7.4 客运站旅客服务工作组织

一、判断题

1. （ × ） 2. （ √ ） 3. （ √ ） 4. （ × ） 5. （ × ）
6. （ √ ） 7. （ √ ）

二、选择题

1. （ A ） 2. （ D ） 3. （ A ）

三、名词解释

客运服务系统

客运服务系统是在现代高速铁路管理思想、服务理念和当今最新信息技术系统的基础上，按照统一的服务标准、统一的经营策略、统一的管理机制、统一的技术架构，建立的信息高度共享、资源高效利用、运行安全可靠的综合完整的服务系统。

四、问答题

1. 三要四心五主动指什么？

“三要”是指对旅客要文明礼貌，纠正违章态度要和蔼，处理问题要实事求是。

“四心”是指接待旅客热心，解答问题耐心，工作认真细心，接受意见虚心。

“五主动”是指主动迎送旅客，主动扶老携幼，主动解决旅客困难，主动介绍旅行常识，主动征求旅客意见。

2. 三知三有指什么？

知座席、知到站、知困难，有登记、有服务、有交接。

项目8 旅客列车乘务工作组织

单元 8.1 客运乘务工作组织

一、判断题

1.（√） 2.（√） 3.（√） 4.（√）

二、选择题

1.（D） 2.（A）

三、名词解释

1. 包车底制

包车底制指乘务组不仅固定区段、车次而且固定包乘某一车底（长途列车乘务组分成两班轮流服务）。

2. 包车次制

包车次制指一个车次（通常叫线路）几个乘务组包干值乘，但不包车底。

3. 轮乘制

轮乘制是指在旅客列车密度较大，且列车种类和编组又基本相同的区段，为了紧凑地组织乘务交路和班次，采用乘务组互相套用，不固定乘务组服务于某一列车。

四、问答题

1. 包车底制的优缺点有哪些?

包车底制这种形式有利于车辆设备及备品的保养，可以熟悉该列车的运行情况，掌握沿途乘车旅客的性质和乘降规律，以便更好地安排自己的工作，从而有利于提高服务质量。缺点是长途旅客列车需挂宿营车，乘务工时一般难以保证。

2. 包车次制的优缺点有哪些?

包车次制的优点是便于管理，可保证服务质量。缺点是交接手续复杂，不利于车底保养。

3. 轮乘制的优缺点有哪些?

轮乘制的优点是乘务员单班作业，一般在本铁路局内值乘，对线路、客流及交通地理等情况熟悉，联系工作方便，乘务中也不需宿营车，从而节省了运能。缺点是增加了交接手续，不利于车辆保养，对服务质量有所影响。

4. 旅客列车乘务组的组成及分工是什么?

旅客列车乘务组由客运人员、公安乘警和车辆乘务员组成。

客运乘务人员包括列车长、列车值班员、列车行李员、广播员、列车员及餐茶供应人员。负责旅客列车的服务工作。

车辆乘务人员包括检车长、检车员（含空调检车员）、车电员。负责列车车辆设备检修工作。

公安乘务员包括乘警长和乘警。负责维护列车的治安工作。

他们分别由客运段、车辆段、公安处领导，在一趟旅客列车上共同担当乘务工作。

乘务中应在列车长领导下充分发挥"三乘一体"的作用,分工负责,共同搞好乘务工作。

5. 动车组旅客列车乘务组的组成及分工是什么?

动车组列车乘务组由客运乘务人员、随车机械师、司机、公安乘警、随车保洁和餐饮服务人员组成，简称"六乘人员"。六乘人员必须在列车长的统一领导下（除行车救援指挥外），分工负责，各司其职，共同做好旅客服务工作。

客运乘务人员包括列车长、列车员。负责旅客列车的服务工作。

动车组司机负责有关型号的车门集控开关和动车组列车运行工作。

随车机械师负责有关型号的车门集控开关和动车组设备检修工作。

公安乘务员负责维护列车的治安工作。

餐饮人员包括服务组长和服务员，负责动车组列车餐饮服务和商品销售工作。

保洁人员包括保洁组长和保洁员，负责动车组列车的卫生保洁工作。

客运乘务组由 1 名列车长和 2 名列车员组成，动车组重联时，按两个乘务组安排人员。编组 16 辆的动车组按 1 名列车长和 4 名列车员配备，对运行时间较长的动车组可适当增加客运乘务人员，动车组司机实行单司机值乘制，随车机械师按每组 1 人配备。

6. 客运乘务员的主要工作有哪些?

客运乘务组承担服务旅客、处理票务、列车保洁、餐饮工作质量等工作，当发生影响旅客安全问题时，客运乘务组应当立即采取有效措施，保证旅客安全。动车组列车的乘务工作是保证列车安全运行的重要工作内容。

7. 动车组司机的主要工作有哪些?

动车组出所后，动车组司机负责有些车型动车组的车门集控开关。在车站，列车在规定位置停稳后开启车门。开车前，动车组司机负责根据客运乘务员通知，关闭车门。动车组在区间被迫停车时，动车组本务司机负责指挥随车机械师、客运乘务组处理有关事故救援等事宜。

单元 8.2　乘务作业组织

一、判断题

1. （ √ ）　2. （ √ ）　3. （ √ ）　4. （ × ）　5. （ √ ）
6. （ × ）

二、选择题

1. （ D ）　2. （ A ）

三、问答题

1. 普速列车长乘务作业组织有哪些作业？
（1）始发作业
① 出乘准备
② 接车作业
③ 始发准备
④ 出场准备
⑤ 始发立岗
（2）途中作业
① 开车作业
② 途中作业
③ 站停作业
（3）折返终到作业
① 终到前作业
② 站台作业
③ 折返站作业
④ 退乘作业

2. 普速列车长乘务作业组织出乘准备有哪些项点？
（1）传达上级指示命令、重点任务、本趟工作计划、安全预想。
（2）收缴列车员收取烟火与手机，系统登录。
（3）组织列队到派班室点名，接受命令、指示。

3. 普速列车长乘务作业组织接车作业有哪些项点？
（1）卫生验收，符合出库标准。
（2）三乘人员按照职责分工分别对列车上部设备设施进行检查，发现问题各自填入“三乘检查记录”并通知车辆人员处置。
（3）车体出库前要对列车进行上水作业，并保证满水，有交接、有签字。
（4）检查、调整监控设备，检查餐料供应情况。

4. 普速列车长乘务作业组织始发准备有哪些项点？
检查各车厢车门、室门、柜门、车窗锁闭情况。

5. 普速列车长乘务作业组织出场准备有哪些项点？
（1）检查乘务员的仪容仪表着装达到标准。
（2）组织乘务员列队，前后设置防护，执行“一停、二看、三通过”提前到岗。

6. 普速列车长乘务作业组织始发立岗有哪些项点？
列车长中部出场，在站台办理交接等业务，接待旅客问询，并组织旅客安全有序乘降。

7. 普速列车长乘务作业组织开车作业有哪些项点？

（1）检查全列各车门，各岗位作业情况。

（2）开车后巡视车厢，检查各车厢温度，检查广播音量，了解重点旅客的安排及下车情况，车内巡视重点是防火巡检、监控作业、重点访问、水量检查、餐售供应、应急处置。

8. 普速列车长乘务作业组织途中作业有哪些项点？

（1）席位核对：途中掌握全列车席位的利用情况，对发售的卧铺进行核对。

（2）安全管理：检查列车的禁烟宣传情况、用电管理情况、“危险品”检查。

（3）到站前作业：检查各岗位到站前作业情况，疏导硬座车厢下车旅客提前车门等候。

（4）熄灯前作业：对卧车铺位进行核对，检查各车厢熄灯前作业情况。

（5）夜间作业：对车内进行巡视；列车到站提；组织车厢进行保洁。

（6）清晨作业：组织车内进行相应服务。

（7）交接班作业：与对班列车长办理全面及重点交接；组织乘务员用餐；检查各车厢交接班作业情况。

9. 普速列车长乘务作业组织站停作业有哪些项点？

（1）到站及时下车，中部出场，与站台办理交接事宜。

（2）组织均衡旅客安全乘降，做到先下后上。

（3）遇到临时停车时，要加强巡视，检查各车厢临停作业情况。

10. 普速列车长乘务作业组织终到前作业有哪些项点？

（1）组织双班作业，检查各车厢终到前的卫生情况。

（2）对全列车内各项设备进行检查。

11. 普速列车长乘务作业组织站台作业有哪些项点？

（1）组织旅客安全乘降，检查各车厢乘务员门口旅客下车组织的落实情况。

（2）统计各车厢乘务员上交的旅客遗失物品，编制客运记录交车站。

（3）站台交接，与站方值班员办理交接事宜。

（4）本属库终到组织撤下视频监控设备。

12. 普速列车长乘务作业组织折返站作业有哪些项点？

（1）库内看车，按要求落实看车制度。

（2）做好日常保洁工作。

13. 普速列车长乘务作业组织退乘作业有哪些项点？

（1）退乘按规定路线集体列队行走，做到同出同归。

（2）对本趟工作进行点评和小结。

单元 8.3　客运乘务安全工作

一、判断题

1. （√）　2. （×）　3. （×）　4. （×）　5. （√）
6. （√）　7. （√）　8. （√）

二、选择题

1. （ D ）　2. （ D ）

三、问答题

1. 紧急制动阀的位置在哪里？

位于车厢乘务间对面的墙壁上或出门的左边墙壁上或通过门的后面。手把上有铅封，旁边有压力表。列车需要紧急停车时使用。

2. 紧急制动阀的使用方法是什么？

紧急制动阀的使用方法：使用时，不必先行破封，立即将阀手把向全开位置拉动直到全开为止，不得停顿和关闭。遇弹簧手把时，在列车完全停车以前不得松手。在长大下坡道上，必须先看压力表，如压力表指针已由定压下降 100kPa 时，不得再行使用紧急制动阀（遇折角塞门关闭时除外）。

3. 发现哪些危及行车和人身安全情形时应使用紧急制动阀停车？

发现下列危及行车和人身安全情形时应使用紧急制动阀停车：

（1）车辆燃轴或重要部件损坏；

（2）列车发生火灾；

（3）有人从列车坠落或线路内有人死伤（特快旅客列车不危及列车运行安全时除外；

（4）能判明司机不顾停车信号，列车继续运行；

（5）列车无任何信号指示，进入不应进入的地段或车站；

（6）其他危及行车和人身安全必须紧急停车时。

4. 哪些情况不能使用紧急制动阀？

不能使用紧急制动阀的情况：

（1）列车运行在桥梁上或隧道内时；

（2）列车发生火灾运行在居民稠密区、厂矿、草垛、易燃易爆等危险品存放区时；

（3）在长大下坡道上如风表指针由定压下降 100kPa 时（遇折角塞门关闭时除外）。

5. 旅客列车安全设备有哪些？

（1）紧急停车装置

① 紧急制动阀

② 列车手制动机

（2）消防设施

① 灭火机

列车上常用的灭火器主要是干粉灭火器、水雾灭火器。

② 灭火毯（又称防火麻袋）

③ 消防锤（又称紧急破窗锤）

（3）其他安全装置

① 轴温报警器

② 安全渡板

每个车厢配有一块安全渡板，当列车停在高站台处时，在列车停稳开门后，置于车门与站台之间，用以补充站台与车体之间的空隙，防止旅客上下车时因踩空发生意外。

③ 列车上的电器设备

旅客列车上除停车、消防设备外，还有很多用电设备。如配电柜、电源开关、电磁炉、电热水器等，这些电器设备都禁止乱动、乱接电源线，禁止超负荷使用，禁止湿手、摸黑开关电器设备，出现故障立即停用，出现火情，立即断电，禁止用水扑救。

6. 动车组安全设备有哪些？

（1）紧急制动装置

动车组全列共 19 处紧急制动装置。

（2）防火隔断门

动车组全列共有 7 个防火隔断门。3、5、6 车位于车厢二位端，2、7 车在车厢一、二位端各 1 个。

（3）紧急逃生窗

动车组全列共 46 个紧急逃生窗。

（4）疏散舷梯

动车组全列有一套疏散舷梯。

（5）乘降梯

动车组内共 2 架乘降梯（均为拼装式）。

（6）车厢内车门控制装置

动车组全列共计 22 组车厢内车门控制装置，位于车厢内车门一侧电控挡罩上。

（7）车厢外车门控制装置

动车组全列共计 22 组车厢外车门控制装置，位于车厢外车门面板右侧，包括手动开门扳手、触摸式开门按钮、手动车门锁，用于在车厢外操作开启车门。

（8）站台补偿器

动车组全列共有 22 个站台补偿器，位于车门地板边缘。

（9）紧急通风装置

动车组全列每节车厢顶棚均设有针孔状紧急通风系统，车厢内墙板下侧板条缝内侧均设有吸气装置，过道处的吸气装置设在车厢两端过道处，顶棚上有吸气孔。

单元 8.4　列车服务工作

一、判断题

1. （√）　2. （√）　3. （√）　4. （×）　5. （×）
6. （√）

二、选择题

1. （A）　2. （A）

三、问答题

乘务员的仪容仪表要求有哪些？

仪容仪表的总体要求是整洁、庄重、简洁、大方。旅客列车乘务员在出乘时必须着规定的制服，佩戴服务标志，以饱满的精神状态、大方的举止为旅客服务。不歪戴帽子，不挽袖子和卷裤脚，不敞胸露怀，不赤足穿鞋，不穿高跟鞋、钉子鞋、拖鞋，不戴首饰，不留长指甲，不染彩色指甲和头发。男乘务员不留胡须，头发不过耳、不过领；女乘务员头发不过肩，可淡妆上岗。